TRIBUNAL CIVIL DE PREMIÈRE INSTANCE DE LA SEINE.

PROCÈS

DE

M. LE PRINCE ET M. LE COMTE

DE MONTMORENCY-LUXEMBOURG

ET CONSORTS

CONTRE

M. LE COMTE

AD. DE TALLEYRAND-PÉRIGORD

DUC DE MONTMORENCY.

Audiences des 6 et 13 Janvier 1865.

PLAIDOYERS DE Mes DUFAURE ET NICOLET.

RÉPLIQUE DE Me BERRYER.

RÉPLIQUE DE Me NICOLET.

PARIS

IMPRIMERIE DE A. GUYOT ET SCRIBE,

Imprimeurs de l'Ordre des Avocats au Conseil d'État et à la Cour de Cassation, rue Neuve-des-Mathurins, 18.

1865

Audience du 6 janvier 1865.

Me Dufaure, après avoir pris ses conclusions au nom de M. le prince et M. le comte de Montmorency-Luxembourg et consorts, prend la parole en ces termes :

MESSIEURS,

Il s'est écoulé huit mois depuis que l'instance sur laquelle vous allez prononcer a été introduite. La famille de Montmorency pour laquelle je plaide a fait connaître au jeune usurpateur de son nom les moyens sur lesquels sa demande devait reposer.

Ils ont été developpés dans deux consultations mûrement délibérées, rédigées avec soin, auxquelles ont concouru plusieurs avocats du Barreau de Paris, par une autre consultation spontanément donnée par nos confrères du barreau de Rouen, par *honneur*, ont-ils dit, *pour une illustre famille parmi les membres de laquelle la Normandie est fière de compter plusieurs de ses gouverneurs.*

A ces documents imprimés, notre adversaire a répondu en se mettant en règle avec la procédure, en signifiant quelques mots de défense, et puis on a gardé ce dédaigneux silence qui convient à la force luttant contre le droit. Il en résulte, Messieurs, que je ne puis faire autre chose qu'exposer, en termes aussi nets et aussi brefs que je le pourrai, la demande que je viens former pour mes clients, cherchant seulement à conjecturer quelques-unes des réponses que le défendeur pourra me faire. Au reste, quand ses défenses mystérieuses auront été révélées au Tribunal, elles seront combattues par une voix plus autorisée que la mienne; pour moi, je n'ai, dans ce moment, d'autre tâche à remplir que de bien préciser le litige sur lequel portera votre délibération.

Mes clients vous demandent la reconnaissance et la consécration d'un droit qui résulte pour eux de la loi commune du pays. Ils le revendiquent contre celui qui y a porté atteinte. Le débat est entre leur droit séculaire et la prétention nouvelle et singulière de M. Adalbert de Périgord. Il paraîtrait cependant, par ce semblant de défenses qui leur ont été signifiées, que l'on voudrait élever devant eux une question de prérogative gouvernementale; s'envelopper, pour se rendre inattaquable, des droits du pouvoir souverain.

Je le regretterais profondément, et à deux points de vue: en premier lieu, il me paraît importer assez peu au gouvernement que M. Adalbert de Talleyrand Périgord devienne tout à coup, à l'âge de vingt-sept ans, un Montmorency. En second lieu, pour la dignité même de celui que je combats, je désirerais beaucoup que ses prétentions s'avouassent hautement et ne fussent pas effacées sous un acte de l'autorité souveraine qui, après tout, peut avoir été induite en erreur. Si le chef de l'État a pu lui donner le nom de Montmorency, que M. Adalbert de Talleyrand-Périgord réfléchisse qu'il pourrait, de la même autorité, le lui retirer; qu'il pourrait de la même autorité l'attribuer à une autre personne, soit avec le titre de duc, soit avec tout autre titre ajouté au nom. Et, enfin, que le Tribunal me permette de dire ici le fond de ma pensée: Je professe, je le déclare, un dédain profond pour ceux qui, dans un intérêt passager, cherchent à ajouter à un pouvoir déjà si grand des attributions nouvelles qu'il n'aurait même pas rêvées sans leurs sollicitations. Il en est ainsi malheureusement parmi nous; lorsque le pouvoir absolu a commencé à s'établir, s'il s'accroît, s'il grandit, il est souvent moins entraîné par ses désirs personnels que par les insatiables prétentions de gloriole ou de fortune dont il est assailli, et que son autorité régulière ne pourrait contenter.

Je ne veux donc pas prévoir cette question de prérogative gouvernementale, et si j'ai l'occasion d'en parler dans le cours de ma plaidoirie, ce sera pour montrer au Tribunal à quel point elle serait mal placée dans le procès qu'il doit juger.

Maintenant, ce procès d'où est-il venu? comment est-il né ? Je puis le dire au Tribunal en très-peu de mots.

Dans le cours de l'année 1862 est venu à mourir dans son château de Courtalin l'excellent et vénéré duc Raoul de Montmorency, cet ami si fidèle et si dévoué des illustres infortunes auxquelles il a consacré les dernières années de sa vie. La duchesse de Montmorency, son épouse, était morte quelques années avant lui sans lui laisser d'enfants. Il avait eu deux sœurs. L'ainée, Mme la princesse de Beauffremont, était décédée en 1860 ; la plus jeune, la duchesse de Valençay, était décédée en 1858. Chacune de ces sœurs avait eu des enfants.

Après la mort de M. le duc Raoul, il y eut une prétention élevée sur le titre de duc de Montmorency qu'il avait porté, par le fils de sa sœur aînée, madame la princesse de Beauffremont. Il ne réclamait pas une faveur, il invoquait ce qu'il appelait un droit. Dans son erreur, il avait cru que le duché de Montmorency était resté un duché femelle, et qu'il avait pu être transmis à madame la princesse de Beauffremont, décédée avant son frère. C'était, je le répète, une erreur. Il y eut opposition à sa demande, la demande n'eut pas de suite. Elle servit seulement à montrer à l'un des enfants de la duchesse de Valençay qu'il fallait employer d'autres moyens pour obtenir l'honneur de porter ce beau nom. Ce fut, non pas l'aîné, comme l'indiquerait un tableau généalogique qui nous a été apporté aujourd'hui, mais le cadet des enfants de la sœur cadette, le comte Adalbert de Talleyrand-Périgord qui se laissa aller à cet ambitieux projet, et dans l'hiver de l'année dernière mes clients apprirent que les amis de leur famille recevaient des visites dans lesquelles on s'inscrivait dans les termes suivants : « pour M. et Mme de Colbert, le duc de Montmorency. »

Quel était ce duc de Montmorency qui avait succédé ainsi au titre de M. le duc Raoul, mort depuis 1862 ? On apprit que c'était le jeune comte Adalbert de Talleyrand-Périgord. Il était impossible à cette époque de deviner sur quels motifs M. Adalbert de Talleyrand-Périgord pouvait fonder l'usurpation qu'il avait ainsi commise, et c'est en cet état de choses que fut donnée, au nom de mes clients, l'assignation qui a appelé M. Adalbert de Talleyrand-Périgord devant le Tribunal.

Par qui cette demande était-elle formée ? Ceux qui se plaignaient ainsi de l'usurpation du nom de Montmorency avaient-ils le droit de s'en plaindre ?

L'assignation était donnée au nom du prince Anne-Édouard-Louis-Joseph de Montmorency-Luxembourg, au nom de son frère, le comte Anne-Charles-Marie-Maurice-Henri de Montmorency-Luxembourg, deux personnes appartenant incontestablement à la famille, descendant en ligne directe, et par les mâles, par une filiation suivie de neuf siècles, de l'auteur commun de toutes les branches de la maison de Montmorency; ils avaient un droit incontestable de s'opposer à toute usurpation du nom qu'ils portaient.

A eux venaient se joindre tous les autres demandeurs descendant par les femmes de la famille de Montmorency. Le Tribunal sait comme moi que si, descendant par les femmes, ils n'ont pas le droit de prendre le nom de la famille que représente leur mère, ils ont au moins et ils exercent librement devant les tribunaux le droit de s'opposer à ce qu'aucun étranger ne le prenne. C'est ce qui a été consacré par différentes décisions judiciaires, décisions qui, je l'imagine, ne seront l'objet d'aucune contestation ; elles sont mentionnées dans Dalloz au mot *Nom*, n° 53, et fortifiées par un arrêt de cassation du 15 juin 1863, et, enfin, par un arrêt de la Cour de Rouen du 16 février 1864 cité dans la consultation que nos honorables confrères de Rouen ont donnée au procès.

En outre, et depuis que l'instance est engagée, Mme la duchesse de Montmorency, portant encore le nom de Duchesse douairière de

Montmorency, intervenait au procès pour s'opposer, avec tous les demandeurs, aux prétentions si inattendues de M. de Périgord.

Ainsi, la demande est bien formée par qui avait le droit de la former. J'ajoute qu'elle est portée devant les seuls juges qui pouvaient en connaître. C'est là une question que nous apprécierons mieux quand la demande même aura été développée, j'y reviendrai plus tard. Quant à présent, je me borne à l'affirmer, il n'y avait que vous au monde, vous êtes les seuls juges à qui mes clients pouvaient adresser la réclamation qu'ils avaient résolu de former.

Elle était formée, la demande était introduite lorsque l'indiscrétion d'un journal très-peu officiel a fait connaître un décret qui avait été tenu secret, qui n'avait point été inséré au Bulletin des lois, et duquel il paraîtrait résulter que M. Adalbert de Périgord est autorisé à s'appeler Duc de Montmorency.

Que le Tribunal me permette de lui donner lecture de ce décret qui a paru, je crois, pour la première fois dans la *Gazette de France*.

« Napoléon, par la grâce de Dieu et la volonté nationale,

« A tous présens et à venir salut :

« Vu la requête présentée au nom de M. Adalbert de Talleyrand-Périgord, né à Paris le 22 mars 1837, tendant à obtenir la concession du titre héréditaire de duc de Montmorency, conféré, suivant lettres-patentes du roi Henri II, du mois de juillet 1551, transmis une première fois par le roi Louis XIV, en vertu de lettres patentes du mois d'octobre 1689, à Charles-François-Frédéric de Montmorency-Luxembourg, prince de Tingry; une seconde fois par le roi Louis XV, par lettres-patentes de décembre 1767, à Anne-Léon de Montmorency, marquis de Fosseux « et à ses enfants mâles à naître, et descendants de « mâle en légal mariage », et recueilli en 1846 par son oncle maternel, M. Louis-Raoul-Victor, dernier descendant mâle du marquis de Fosseux, décédé sans postérité le 18 août 1862, en la personne duquel s'est éteint le titre de duc de Montmorency;

« Vu l'avis émis par le Conseil du sceau des titres, sur le rapport de notre garde-des-sceaux, ministre secrétaire d'État au département de la justice et des cultes, avons décrété et décrétons ce qui suit :

« Article 1er. — Nous concédons à M. de Talleyrand-Périgord (Nicolas-Raoul-Adalbert) pour en jouir lui et ses descendants directs légitimes de mâle en mâle, par ordre de primogéniture, le titre de duc de Montmorency, qui s'est éteint en la personne de son oncle maternel, M. Aimé-Louis-Raoul-Victor, décédé sans postérité le 18 août 1862.

« Art. 2. — Le titre de duc de Montmorency ne sera porté par M. de Talleyrand, et l'ampliation du présent décret ne lui sera délivrée qu'après paiement des droits de sceau attachés à la collation dudit titre.

« Art. 3. — Notre garde-des-sceaux, ministre secrétaire d'État au département de la justice et des cultes, est chargé de l'exécution du présent décret.

« Fait au palais des Tuileries, le 14 mai 1864.

Signé : NAPOLÉON.

Par l'Empereur :

Le garde-des-sceaux, ministre secrétaire d'État au département de la justice et des cultes.

Ce décret, qui avait été publié non officiellement, a été plus tard signifié au procès. Nous le tenons pour rendu, il existe, et dans notre pensée il ne change rien à la nature et à la force de la demande que MM. de Montmorency ont soumise au Tribunal.

La question que vous aurez à résoudre est une question de propriété, mais comme il s'agit d'une propriété exceptionnelle, délicate, spéciale, et dont vous avez rarement l'occasion de déclarer les droits, je crois nécessaire d'insister un moment sur son importance.

On a dit cent fois que le nom est une propriété et la plus précieuse de toutes les propriétés. Le droit de propriété en général a, en effet, ce double caractère : la chose qui en est l'objet ne peut être ravie à celui qui la possède, et nul autre que lui ne peut prétendre à la posséder. De ces deux caractères le nom a essentiellement le premier; on ne peut l'enlever à celui qui en est investi; il voudrait même le perdre par sa libre volonté, il ne le pourrait pas; c'est le premier caractère de la propriété. J'y trouve aussi le second : nul ne peut, à son gré, s'en emparer même pour en jouir concurremment avec la personne qui le possède déjà; ici seulement le droit est moins absolu. L'autorité publique tient de la loi de germinal an XI une certaine faculté d'autoriser des changements aux noms des citoyens; on peut lui demander de changer son nom; à son nom conservé on peut demander la faculté d'en ajouter un autre. Il faut le faire dans certaines formes ainsi que j'aurai l'honneur tout à l'heure de le dire au Tribunal, mais, en règle générale, on ne peut ni changer son nom en lui substituant le nom d'autrui, ni ajouter au nom que l'on a porté déjà le nom d'une autre personne à qui on l'emprunterait pour ne pas le rendre ; ce sont là des règles certaines, de tous les temps, et je ne puis mieux les formuler qu'en rappelant les paroles du président Henrion de Pansey au répertoire de Merlin, v° *Nom*.

« Il forme le patrimoine le plus précieux de chaque famille; c'est « une espèce de cachet imprimé sur chacune d'elles ; c'est de tous les « biens celui qui est le moins dans le commerce ; il est également « défendu de l'aliéner et de l'envahir ; le père le transmet au fils « par une espèce de substitution. »

Ces vérités doivent être appliquées principalement au nom de famille. Vous savez qu'à l'origine de toute société, et sous ce rapport, ce qui s'est passé dans l'une se reproduit avec une remarquable fidélité dans l'autre; et par exemple, ce que vous avez remarqué dans l'histoire de la République romaine, vous le verriez se reproduire dans l'histoire de la monarchie française : dans toutes les sociétés les individus sont d'abord désignés par des noms individuels. Le sentiment de la famille peut exister, mais la famille ne se distingue pas sous une dénomination commune à tous ses membres. Plus tard, à mesure que les relations s'étendent, que le besoin social s'en fait sentir, les familles se distinguent; elles prennent un nom qui devient commun à tous leurs membres et que les jurisconsultes nomment leur nom patronymique. Le nom qui était individuel autrefois devient un simple prénom, et le véritable nom de chacun est celui de la famille à laquelle il appartient. Cela s'est produit assez tard dans notre société française. Avant le XIe siècle, on ne trouve en France que des noms purement individuels; ce n'est qu'à cette époque, et par des causes qu'il est inutile de rappeler, que les noms de famille peu à peu s'introduisent.

Je ne veux pas m'étendre sur cette idée qui tient cependant à notre procès; je me bornerai à lire un passage du rapport présenté au Corps Législatif par M. le Conseiller d'État Miot, sur la loi du 21 germinal an XI.

« Les personnes sont, chez presque toutes les nations de l'Eu-
« rope, désignées habituellement par un ou plusieurs noms connus
« comme noms propres, qui sont individuels, et par un autre nom,
« commun à tous les membres de la famille dont elles font partie.
« A ces premiers noms, se joignent encore comme surnoms, suivant
« des usages abolis aujourd'hui parmi nous, des titres résultant de
« possessions ou de droits féodaux, mais qui ne sont, en quelque
« sorte, qu'un supplément de désignation, soit individuelle, soit
« de famille, nullement nécessaire pour établir une distinction
« précise entre les individus. — Le nom propre et le nom de fa-
« mille ou surnom, sont, au contraire, devenus indispensables dans
« l'état d'accroissement et d'extension que la société a pris parmi
« nous, et l'usage des derniers s'est presque généralement intro-
« duit par la nécessité. Cependant, cet usage ne remonte guère
« qu'à l'année 1000 de l'ère chrétienne : avant cette époque, il
« n'existait aucun nom de famille, ou du moins dans tous les titres
« antérieurs qui nous ont été conservés, on ne trouve jamais la
« personne désignée autrement que par le nom propre qui était
« alors le nom de baptême. »

Ainsi se sont formés parmi nous les noms patronymiques, propriété sacrée de chacune des familles qui les portent; ils ont été transmis héréditairement selon certaines règles, qui sont propres à cette nature de bien; l'une de ces règles, la seule qu'en ce moment je rappelle au Tribunal, c'est que les filles le perdent quand elles entrent dans une famille étrangère, que jamais elles ne peuvent le transmettre à leurs enfants, qui prennent exclusivement le nom de leur père et ont le droit d'interdire à tout autre de le porter.

Je sais bien que parmi les noms de famille et sans aucune vue aristocratique, il en est un certain nombre qui ont été tellement répandus, qui se sont appliqués et ont appartenu à tant de personnes qu'on ne les a plus regardé comme une propriété exclusive. A moins de circonstances particulières, celui qui les porte ne peut guère se plaindre si quelqu'autre sans droit vient le prendre à côté de lui. Mais d'autres noms, au contraire, sont entourés d'un lustre particulier; ils rappellent involontairement à l'esprit de nobles caractères, de belles actions, de longs services rendus au pays; ils parent la famille qui les porte du souvenir de tout ce que d'illustres ancêtres ont fait de beau et de glorieux; ils sont un encouragement aux grandes actions pour les enfants auxquels ils sont donnés dès leur berceau. Ne comprend-on pas alors que ces noms aient une valeur particulière, et que ceux auxquels ils appartiennent s'en montrent jaloux et ne soient tentés de permettre à personne de les usurper.

Je crois que je n'exagérerai rien lorsque je dirai que le nom de Montmorency a précisément le caractère spécial que je viens de définir.

Je ne voudrais, en aucune manière, pour donner plus d'éclat à ce procès, entrer, même d'un seul pas, dans l'histoire de la famille de Montmorency, de cette noble famille dont les membres, selon la charmante expression de Brantôme, ont été tous braves et vaillants et n'ont jamais été malades de la fièvre poltronne. Je ne parle que du nom, et encore sur le nom je rappelle les droits et non pas la gloire qu'il donnait, et je tiens à dire que le nom de Montmorency est un véritable nom de famille, un nom essentiellement patronymique, attribuant par conséquent à ses possesseurs tous les droits que ce patrimoine peut comporter.

Je sais que quelques-uns ont dit : Prenez garde, on va à vous-même vous contester le nom que vous réclamez, vous n'êtes point des Montmorency, c'est le nom de Bouchard qui vous appartient; il ne vous convient pas de vous plaindre si le comte Adalbert de Talleyrand-Périgord se pare d'un nom qui ne vous appartient pas légitimement.

Je ne sais pas si on soutiendra cela pour le défendeur, mais je tiens à dire que ce serait une erreur historique des plus singulières. Le nom de Bouchard a été un nom individuel à l'époque où l'on n'en connaissait pas d'autre. A cette époque dont j'avais l'honneur de parler tout à l'heure au Tribunal, et que rappelait M. Miot sur la loi de germinal, un Bouchard est devenu baron de Montmorency, et c'est ainsi que, peu à peu, par l'action de neuf siècles et à la suite des services rendus au pays par cette famille, le nom de Montmorency est devenu essentiellement un nom patronymique. Du moment où il a été pris, vous trouvez des Bouchard, prénom, avec le nombre ordinal qui ne s'est jamais appliqué qu'aux prénoms, Bouchard Ier, Bouchard II, Bouchard VII; vous les trouvez dans la famille de Montmorency comme vous les trouvez, identiquement dans la même situation, dans la famille de Vendôme, ainsi que l'atteste le père Anselme au tome 8 de son ouvrage. Bouchard ne sera jamais qu'un prénom, et le nom de Montmorency est devenu le nom de famille, tellement propre à cette famille que, dans le cours des siècles, à mesure qu'elle s'est subdivisée en branches, chaque branche prend un surnom, afin de se distinguer des branches collatérales, mais toujours en l'ajoutant au nom patronymique commun de Montmorency. Il passe aux cadets comme aux aînés, aux filles comme aux garçons, il est toujours dans la famille, dans toutes ses branches et dans toutes ses subdivisions; on lui adjoint le surnom pour distinguer les branches de la famille; c'est le signe certain d'un nom patronymique. Et s'il n'avait été qu'un nom de seigneurie et de terre, il eût appartenu au possesseur de la terre et n'eût pas été transmis aux autres membres de la famille de Montmorency.

En droit, je n'aurais que l'embarras du choix pour montrer comment des noms de seigneurie sont devenus, avec la possession et le temps, des noms de famille. J'ai entre les mains un arrêt de la Cour de Lyon de 1860 et un arrêt de cassation du 10 mars 1862, seuls documents judiciaires que je veux citer sur ce point.

ARRÊT DE LYON.

« Considérant que, d'après les usages de la féodalité, celui qui « possédait un fief pouvait autrefois ajouter le nom de son fief à son « nom de famille, les deux noms n'en faisant plus qu'un seul et « constituant un nom patronymique ;

« Que ce principe est appuyé sur l'histoire et la jurisprudence, « et ne pourrait plus aujourd'hui être mis en question sans qu'il en « résultât, avec l'incertitude des noms et des droits de famille, une « véritable confusion sociale ; que c'est un pur fait qu'à ce sujet il « s'agit d'établir, en recherchant si le possesseur du fief a voulu « profiter autrefois de l'usage existant, et modifier par l'addition du « nom du fief son nom patronymique ;

« Qu'il n'y a point à expliquer en pareille matière les règles de la « prescription, le droit naissant, comme il vient d'être dit, du fait, « et non d'une possession prolongée pendant un temps quelconque « nécessaire à prescrire ;

« Que la possession ne doit en ce cas être consultée que pour « vérifier si elle a eu des caractères certains comme démonstrative « de l'intention du possesseur de fief de fondre le nom du fief dans « son nom patronymique. »

ARRÊT DE LA COUR DE CASSATION.

« La Cour,

« Sur les premiers moyens du pourvoi :

« Attendu que sous l'ancienne législation, et par application des « usages du régime féodal, il était permis aux possesseurs de fiefs « ou terres nobles de joindre à leurs noms de famille le nom de « leurs terres ou fiefs ; que cette addition de noms pouvait, par un « laps de temps suffisant pour témoigner la persistance de volonté

« du propriétaire, s'incorporer aux noms de famille, et former ainsi « un nom patronymique;

« Que c'est ainsi que la plupart des familles nobles ont acquis les « noms qu'elles portent encore aujourd'hui;

« Attendu que les faits de possession propres à confirmer cette « composition de noms patronymiques ne sont soumis ni aux règles « établies par la loi en matière de prescription acquisitive de pro- « priétés, ni à celles relatives à la possession d'état en matière de « légitimité, ni à celles réglant la tenue des registres de l'état « civil;

« Qu'il appartient aux juges du fait de décider si ces faits de « possession témoignent de l'usage qui a été fait, en temps utile, du « privilége féodal susénoncé, et de la volonté persistante des ayants- « droit d'incorporer à leur nom patronymique l'addition résultant « du nom de leur fief. »

J'ose dire que dans la noblesse française, la famille de Montmorency peut autant que toute autre (car il y en a d'autres) réclamer le droit consacré par cette jurisprudence.

Ce nom de Montmorency, comme nom patronymique, a été reconnu à toutes les pages de notre histoire. J'ai là entre les mains le traité de l'origine des noms par de La Roque et vous verrez au chapitre XVI comment, de nom de seigneurie à l'origine, il est devenu nom patronymique, nom de famille. Et à une autre limite de notre jurisprudence, à la veille de la Révolution, dans l'encyclopédie méthodique v° *Nom*, le Tribunal lira le passage suivant : « Nos auteurs « français marquent exactement ce qui est arrivé parmi nous, et « nous apprennent que, par les divers changements dont j'ai parlé, « on est enfin parvenu à avoir aujourd'hui trois sortes de noms : le « premier, de baptême, qui est particulier à celui qui le porte; le « second, de famille, qui est commun à toutes les personnes d'une « même maison; le troisième, de seigneurie, qui est réel et dépen- « dant de la possession de la chose, et qui, par conséquent, se perd

« par l'aliénation de la seigneurie. Ce n'est pas que tous les noms « des grandes maisons n'aient été réels dans leurs commencements ; « il n'y avait non plus de noms en l'air dans ce temps-là que des « fiefs et des seigneuries chimériques ; et c'est par cette raison que « beaucoup de gens affectent d'ajouter à leur nom la particule *de*, pour « faire voir que leur nom a été autrefois réel, qu'il a été tiré d'une « seigneurie et fief et qu'il est, par conséquent, très-ancien. Mais la « coutume ayant rendu personnels les noms qui auparavant étaient « réels, ils changèrent entièrement de nature; indépendants de la « seigneurie, ils furent inséparables de la famille à laquelle ils « étaient devenus propres. Aussi le nom de *Montmorency* subsiste-t-il « dans cette maison, quoique la terre dont il a été tiré n'y soit « plus. Les gentilshommes qui possèdent les seigneuries dont ils « ont reçu le nom, auraient beau les aliéner, ils n'en quitteraient « pas le nom, comme ils seraient obligés de quitter celui d'une autre « terre qu'ils vendraient. Les noms de famille, réels dans leur « commencement, mais devenus personnels, ne peuvent plus se « se perdre. »

Je le répète donc, aux deux limites de notre jurisprudence, le Tribunal trouvera indiqué que le nom de Montmorency était devenu, depuis des siècles, un nom patronymique.

Il a même subi une épreuve dont le Tribunal me permettra de lui parler en passant.

On sait que l'Assemblée constituante, par une loi en date du 23 janvier 1790, en abolissant la noblesse héréditaire, ajoutait dans l'article 2 : « Aucun citoyen ne pourra prendre que le vrai nom de « sa famille. » Ce fut une rude épreuve pour tous ceux qui portaient des noms de seigneuries. Une critique maligne et quelquefois érudite se mit à rechercher curieusement leurs noms patronymiques depuis longtemps tombés dans l'oubli.

C'est à cette occasion que Mirabeau, affublé tout-à-coup de son vieux nom patronymique de Riquetti, s'écriait : Les malheureux, avec leur Riquetti, ils ont désorienté l'Europe pendant trois jours! Tout le monde n'aurait pas pu en dire autant.

Un ouvrage, que j'ai entre les mains, soumet à cette critique implacable tous les noms de l'ancienne noblesse française.

Je n'ai pas besoin de lire ici ce long travail de rectification. J'y cherche uniquement si le nom de Montmorency a été contesté. Loin de là, on dispute au duc de Laval cette qualification et voulant lui restituer son vrai nom de famille, on l'appelle Montmorency.

Ainsi, ce nom de Montmorency, comme nom de famille, a été reconnu de tous temps, par la famille elle-même, par nos rois, dans leurs actes les plus solennels, et par ceux-là mêmes qui déclaraient la guerre à la noblesse française, en 1789. Enfin, ce qui est un document juridique que le Tribunal consultera, je présente une liasse de titres de la famille de Montmorency, leurs actes de naissance, de mariage, de décès, de 1717 jusqu'à nos jours; partout le Tribunal verra le nom de Montmorency indiqué comme nom de famille.

J'avais besoin d'établir cette base essentielle de notre réclamation. Le nom de Montmorency n'est pas un nom féodal, ni un nom nobiliaire, ni un nom de seigneurie; il est un nom patronymique comme celui de chacun de nous. Il a plus d'illustration, mais le même caractère juridique.

Mais voilà que tout-à-coup, un jeune homme qui porte un autre nom, capable cependant de satisfaire une noble ambition, et qui ne semble pas au-dessous de son mérite, M. Adalbert de Talleyrand-Périgord, s'imagine de prendre le titre et le nom de duc de Montmorency.

Il s'inscrit dans ses visites : duc de Montmorency. Il figure sous ce nom dans les bulletins des fêtes de la Cour, publiés par les journaux; ce n'est pas M. le comte Adalbert de Talleyrand-Périgord qui est inscrit sur ces bulletins, c'est le duc de Montmorency.

Que veut dire cela? quelle est la raison qui permet ce changement ou cette addition de nom? Pourquoi n'est-ce plus M. le comte de

Talleyrand-Périgord, mais M. le duc de Montmorency? Qui a permis une telle usurpation?

Il ne le tient pas de son père; jamais M. le duc de Valençay n'a pris le nom de Montmorency, il ne l'a pas reçu dans son acte de naissance.

On a insinué dans les conclusions signifiées qu'il pourrait bien y avoir quelque droit du chef de sa mère.

Il est parfaitement vrai qus M. de Talleyrand-Périgord est fils d'une demoiselle de Montmorency, qui avait épousé le duc de Valençay; mais qui ne sait, qui ne connaît ce principe constant de notre jurisprudence, que j'ai eu l'honneur d'énoncer tout à l'heure, que les enfants tiennent leur nom de leur père, et ne prennent pas le nom de fille qu'avait leur mère, qui elle-même l'a perdu en se mariant.

« Les filles, dit Henrion de Pansey, dans le Répertoire, par le mariage, sortent de leur famille, en perdent tous les avantages, le nom, les armes, le rang, la noblesse.

« Leur nom se perd aussi par le mariage et ne se communique point à leurs enfants, qui suivent toujours la condition du père, et non celle de la mère. Elles prennent le nom de leur mari, et les enfants celui de leur père. »

Voilà exprimé dans une formule claire et aussi énergique que possible le principe incontestable de notre jurisprudence française. En présence de cela, comment M. de Talleyrand-Périgord pourrait-il invoquer son prétendu droit? Mais qu'il veuille donc bien se rappeler qu'il n'est que le fils cadet de la sœur cadette du duc Raoul, que la princesse de Beauffremont aurait eu, en tous cas, ce droit avant sa mère, et que le prince de Beauffremont aurait eu ces droits avant lui.

A la vérité, il avait un moyen de rechercher le nom de Montmorency. Lui aurait-il réussi? Nous croyons que non; mais enfin il pouvait le tenter et la loi lui indiquait le mode à suivre pour arriver au but de son ambition.

Il n'avait, d'après les dispositions de la loi de germinal an XI, qu'à se pourvoir auprès du gouvernement à l'effet d'ajouter à son nom de Talleyrand-Périgord le nom de Montmorency.

Il aurait eu quelques formalités à remplir. Il aurait dû faire insé-ser d'abord sa demande dans le *Moniteur* et dans les journaux destinés aux annonces judiciaires. Ce sont les dispositions légales.

Trois mois après sa demande, on aurait dû en saisir le Conseil d'État. Le Conseil d'État en aurait délibéré, et si sa demande avait été accueillie, il n'aurait encore pu prendre ce nom de Montmorency qu'un an après la décision insérée au *Bulletin des Lois*.

Toutes ces formalités, que je rappelle, sont rigoureusement prescrites par la loi; et remarquez, Messieurs, qu'elles sont prescrites dans l'intérêt des tiers, de ceux qui peuvent avoir des motifs de s'opposer à l'usurpation d'un nom.

Si ces formalités eussent été remplies, l'opposition, que nous formons ici, eût été élevée, et nous sommes convaincus que devant cette opposition le Conseil d'État n'aurait pas attribué à M. de Talleyrand-Périgord le nom nouveau qu'il réclame.

On a tout négligé. On n'a fait d'insertion ni dans le *Moniteur*, ni dans les journaux judiciaires; on n'a pas porté la demande devant le Conseil d'État; on n'a pas promulgué le décret qui accordait le nom de Montmorency, et on s'est bien gardé d'attendre, pour prendre ce nom, un an, à partir de la publication du décret.

Vous voyez donc, Messieurs, que l'usurpation est parfaitement claire. Elle est incontestable. Elle a été faite au mépris de tous nos droits et en dépit des dispositions salutaires de nos lois.

Maintenant, quelle réponse m'est-il permis d'entrevoir, de conjecturer?

Voici, ce me semble, comment on croit pouvoir éluder la loi, que je viens de rappeler.

Ce n'est pas, dira-t-on, un nom qui nous a été accordé par le décret du 14 mai 1864, c'est un titre, le titre de duc. Or, il est incontestable que, dans les attributions du pouvoir souverain, se trouve le droit d'accorder ce titre nobiliaire à qui bon lui semble.

Ici, Messieurs, faisons une distinction, et personne ne sera plus empressé que mes clients à reconnaître le droit de l'autorité souveraine.

Il est incontestable que dans les attributions du chef de l'État se trouve celle d'accorder le titre nobiliaire de duc, ou tout autre, à qui lui en paraît digne.

L'Empereur l'a fait en maintes occasions, en quatre occasions particulièrement, et pas une voix ne s'est élevée contre la parfaite légalité de ces nominations.

Deux fois, le titre de duc a été accordé pour de grandes actions militaires ; le titre était accompagné du nom du champ de bataille sur lequel les deux titulaires avaient mérité cette haute distinction. Qui donc aurait pu contester à M. le duc de Malakoff et à M. le duc de Magenta le titre qui leur était accordé, et la dénomination qui, sans porter atteinte aux droits de personne, rappelait une des glorieuses actions de leur vie?

Deux autres fois, pour des services personnels, le titre de duc a été encore accordé. Il a été suivi du nom patronymique des personnages auxquels il était accordé. Et personne encore n'a songé à contester au chef de l'État le droit, la prérogative d'accorder cette distinction nobiliaire, sans aucun changement de nom, à deux de ses amis les plus constants et les plus dévoués.

A laquelle de ces deux catégories M. de Talleyrand-Périgord prétend-il appartenir?

Je crois pouvoir dire, sans aucune intention de le blesser, qu'il n'appartient pas à la première. Je le range dans la seconde ; mais alors je demanderai pourquoi il prétend à autre chose qu'à ce qui a été si régulièrement accordé à M. de Morny et à M. de Persigny ?

Le titre de duc de Talleyrand-Périgord figurerait, il me semble, assez bien sans que celui qui peut le prendre très-légitimement ait besoin de lui substituer le nom d'une autre famille.

Messieurs, dans les conclusions auxquelles je faisais allusion, le défendeur dit qu'il est un de ceux qui descendent le plus directement de la famille, dont les demandeurs prétendent représenter seuls le glorieux héritage.

Sans doute, il est un descendant de cette famille ; mais sa prétention est fausse en tous points.

Les demandeurs ne lui contestent pas l'honneur de descendre des Montmorency par sa mère ; mais, comme je l'ai dit tout à l'heure, sa mère n'a pu lui transmettre le nom de Montmorency. L'observation qu'il fait sous ce rapport est sans portée et ne peut justifier sa prétention. Du moment qu'il fait suivre le titre qui lui a été accordé d'un nom qui n'est pas le sien, il ne peut ajouter le nom au titre qu'à la condition d'observer la loi relative aux changements et aux additions de noms.

Je ne saurais mieux mettre en lumière cette partie de la contestation qu'en rappelant au Tribunal un passage de la consultation que nous avons produite.

« Le titre et le nom sont deux choses essentiellement distinctes.
« Quand un titre est donné sans addition de nom, comme il est ar-
« rivé sous la Restauration pour le duc Mathieu de Montmorency ;
« sous Louis-Philippe pour le duc Pasquier; sous le gouvernement
« actuel pour les ducs de Morny et de Persigny, le titre est conféré
« en vertu du pouvoir discrétionnaire du Souverain et par sa seule
« volonté; mais quand un nom nouveau est ajouté au titre, les for-
« malités ordinaires doivent être remplies en ce qui concerne le
« nom. Ainsi, lorsqu'en 1824 le Roi transmit au gendre du maré-
« chal Moncey, M. Duchesne de Gillevoisin, le droit héréditaire à
« la pairie et au titre de duc de Conégliano, il lui imposa expressé-
« ment l'obligation de remplir, quant au nom de Conégliano, les
« conditions énumérées aux articles 6 et 8 de la loi de germinal
« an XI (ordonnance royale du 20 octobre 1824).

« Ces formalités sont tellement impératives que, lors même qu'el-
« les ne sont pas rappelées dans l'ordonnance, elles doivent être
« considérées comme implicites et sous-entendues. La Cour de cassa-

« tion a consacré ces principes par un arrêt du 22 avril 1846, rendu « sur les conclusions conformes de M. le procureur général Dupin. »

« Une ordonnance royale du 1er mars 1819 avait autorisé la « transmission à M. Terray des titres et *nom* de M. le vicomte de « Morel-Vindé, son grand-père, en ces termes :

« Art. 1er. Les rang, titre et qualité de pair du royaume qu'il « nous a plu d'accorder au vicomte de Morel seront transmis à notre « amé Charles-Louis Terray, son petit-fils... Art. 2. Ledit Charles-« Louis Terray joindra dans son nom propre celui dudit aïeul ma-« ternel, comme aussi il joindra dans son écusson à ses propres ar-« mes, celles de son aïeul....

« En vertu de cette ordonnance, et sur la demande de M. Terray, « le Tribunal de la Seine ordonna, par un jugement du 26 mars « 1845, l'addition sur les registres de l'état civil du titre de vi-« comte de Morel-Vindé au nom de Terray. Personne ne réclama; « mais d'office, et dans l'intérêt de la loi, le ministre de la justice « déféra ce jugement à la Cour suprême pour excès de pouvoir : « 1° en ce que le Tribunal avait autorisé le sieur Terray à prendre « le titre de vicomte, bien qu'il n'eût rempli aucune des conditions « prescrites par le décret du 1er mars 1808... ; 2° en ce que le Tri-« bunal avait autorisé le sieur Terray à joindre à son nom celui de « Morel-Vindé, sans avoir, au préalable, rempli les formalités vou-« lues par les lois de la matière. »

« La Cour statua en ces termes : « Attendu 1° qu'aux termes de « la Charte, il n'appartient qu'à l'autorité royale de conférer des « titres de noblesse.... ; 2° *que tout changement de nom ne peut être « obtenu qu'en se conformant aux dispositions de la loi du 11 germi-« nal an XI, qui exige l'intervention de l'autorité administrative* « (Avis *préalable* du Conseil d'État) ;

« Attendu que le jugement dénoncé reconnaît à Charles-Louis « Terray : « 1° le droit de prendre le titre de vicomte ; 2° *celui « d'ajouter à son propre nom le nom de Morel-Vindé, sans avoir au « préalable rempli les formalités voulues....*,

« Annulle pour excès de pouvoir le jugement du Tribunal civil « de la Seine du 28 mars 1845.

« Duc ou vicomte, peu importe en droit : il résulte de cet arrêt « que la loi de germinal est applicable, lors même que le nom est « transmis avec un titre et comme accessoire de ce titre.

« Un éminent jurisconsulte, membre du Conseil du sceau, a tout « récemment exprimé la même opinion :

« Un arrêt de la Cour de cassation, du 22 avril 1846, a posé à « cet égard les vrais principes ; il fait très-bien ressortir la diffé- « rence entre le pouvoir du souverain, conférant des titres et des « distinctions honorifiques, et celui en vertu duquel il autorise les « changements et additions de noms. Il est donc incontestable qu'a- « près l'avis du Conseil du sceau, le Conseil d'État aura à statuer « en vertu des attributions qui lui sont conférées par la loi du 12 « germinal an XII. » (Duvergier, *Collection des lois*, 1859, sur le décret du 12 janvier 1859; *Sic* Dalloz, v° *Nom*, n° 45.)

Le ministre de la justice, dans son rapport sur le décret du 8 janvier 1859, a tout aussi nettement indiqué que la collation d'un titre joint au nom ne dispense l'impétrant d'aucune des formalités prescrites par la loi de l'an XI : « Les autorisations de cette nature sont accordées par Votre Majesté dans la forme des règlements d'administration publique. Le Conseil du sceau pourra toutefois être consulté sur les *changements ou additions qui auraient le caractère d'une qualification honorifique ou nobiliaire.* »

Ainsi, dans la pensée du ministre, le changement de nom ne perd pas son caractère légal parce qu'il est accompagné d'une collation de titre.

Ainsi, Messieurs, vous le voyez, la réclamation, ou plutôt la prétention de M. de Talleyrand-Périgord porte sur deux choses :

La première, qui est à l'abri de toute contestation, c'est le titre de duc qui a pu lui être conféré par l'Empereur. Et si, par des équivoques de discussion, on peut croire que nous élevons des contestations sur cette prérogative du souverain, je proteste à l'avance contre toute insinuation de ce genre. M. de Talleyrand-Périgord est incontestablement duc, et nous ne le contestons en aucune manière.

Mais il y a une seconde chose : c'est le nom ajouté à ce titre de duc, c'est le nom de Montmorency, qui appartient à nos clients. Et comme il ne lui appartient pas, et ne lui aurait été donné que par un décret, fruit de l'inattention et de l'erreur, il n'a pas le droit de le prendre, n'ayant rempli aucune des formalités que prescrit la loi de germinal an XI.

En cherchant par quel ordre d'idées M. de Talleyrand aurait été conduit à demander cette faveur, nos yeux s'arrêtent sur les termes mêmes de la requête qu'il avait présentée à l'Empereur pour obtenir le titre de duc de Montmorency. Et comme c'est là, je crois, que se trouve sa pensée tout entière, le Tribunal me permettra d'en lire l'analyse placée en tête du décret :

« Vu la requête présentée au nom de M. Adalbert de Talleyrand-« Périgord, né à Paris le 22 mars 1837, tendant à obtenir la conces-« sion du titre héréditaire de duc de Montmorency, conféré, sui-« vant lettres-patentes du roi Henri II, du mois de juillet 1551, « transmis une première fois par le roi Louis XIV, en vertu de « lettres-patentes du mois d'octobre 1689, à Charles-François-« Frédéric de Montmorency-Luxembourg, prince de Tingry ; une « seconde fois par le roi Louis XV, par lettres-patentes de décem-« bre 1767, à Anne-Léon de Montmorency, marquis de Fosseux, et « à ses enfants mâles à naître, et descendants de mâle en mâle en « légitime mariage, et recueilli en 1846 par son oncle maternel, « M. Louis-Raoul-Victor, dernier descendant mâle du marquis de « Fosseux, décédé sans postérité le 18 août 1862, en la personne « duquel s'est éteint le titre de duc de Montmorency. »

Ainsi M. Adalbert se tait sur les motifs qui lui valent cette haute distinction ; le décret n'en dit rien, mais il cherche, dans sa requête, à la justifier par des exemples historiques.

Il rappelle modestement que le duché de Montmorency fut créé en 1551 par Henri II, au profit de ce rude connétable Anne de Montmorency, qui joua un grand rôle, comme guerrier et comme négociateur, sous les deux règnes de François Ier et de Henri II. Le titre héréditaire de duc de Montmorency fut transmis, dit-il, en 1689, par Louis XIV au fils aîné de ce grand maréchal de Luxembourg, l'élève et le successeur de Condé, le vainqueur de Fleurus, de Steinkerque et de Nerwinde, au moment où, malgré ses démêlés avec Louvois, Louis XIV voulait l'appeler au commandement de ses armées.

Il ajoute enfin que ce titre fut transmis par Louis XV au marquis de Montmorency-Fosseux, chef de la branche aînée et des armes de la famille de Montmorency.

Si je pouvais croire que le Conseil du sceau des titres, seul Conseil auquel la demande a été soumise, a été induit à faire ce qu'il a fait par les détails historiques donnés par M. de Talleyrand-Périgord, j'en serais désolé; cela supposerait que le décret a été préparé avec la plus rare inattention; car cet exposé est inexact sur beaucoup de points, et est certainement sans portée pour le but que le pétitionnaire se proposait d'atteindre. Le duché de Montmorency, titre féodal, substitué à l'ancienne baronnie était, dans les trois circonstances que l'on rappelle, attaché à une terre, et fut attribué, ou reconnu à des personnes du nom de Montmorency.

Comment a-t-on pu oublier que si Anne-Léon de Montmorency, marquis de Fosseux, est devenu duc de Montmorency en 1767, si le duché de Montmorency lui a été transmis, il était déjà le chef de la branche aînée des Montmorency? il en portait le nom, et en avait les armes. Quant au duché de Montmorency, il lui fut apporté par son mariage avec sa cousine, héritière des Montmorency-Luxembourg, le duché étant un duché femelle; et Louis XV n'intervint que pour approuver la transmission du duché de Montmorency.

En 1689, ce qui a été fait par Louis XIV n'a pas été autre chose que d'ériger en duché de Montmorency la terre de Beaufort, qui appartenait à un Montmorency, rien de plus.

Quelle que soit, du reste, la manière inexacte dont ces faits ont été présentés, ce qui m'étonne encore davantage, c'est que dans l'état actuel de notre législation, avec les conditions sociales que le temps nous a faites, on puisse invoquer de pareils exemples et demander aux pouvoirs publics de les imiter.

Nous avons encore des titres de noblesse, mais avec des conditions tout-à-fait différentes des conditions de l'ancienne noblesse. On ne devrait pas oublier si facilement que les lois abolitives de la féodalité ont introduit dans cette partie de nos institutions des modifications profondes.

Le titre de duc, en exceptant les ducs à brevet dont on n'invoquera pas l'exemple, le titre de duc s'attachait autrefois, s'incorporait à la terre qui formait le duché. Il y avait un duché de Montmorency. C'était cette double propriété de la terre et du titre qui s'était transmise dans la famille, transmise même quelquefois par les femmes, et que les femmes apportaient en dot à leur mari, comme en 1767. Mais à moins de faire une constitution de majorat et une érection de majorat en duché, à quoi irait-on aujourd'hui incorporer le titre de duc de Montmorency? Mais les majorats même sont abolis. En vérité, Messieurs, on croit rêver lorsque l'on se voit obligé, de nos jours, à discuter de pareilles questions.

En 1789, 90 et 91, l'Assemblée constituante abolit tout ce qui tient au régime féodal. Le 23 juin 1790, les titres de prince, de duc, comte, marquis, etc., ne peuvent être pris par qui que ce soit, ni donnés à personne; on ne peut prendre que son vrai nom de famille. Un décret du 16 octobre 1791 prononce des peines contre ceux qui s'attribuent des titres abolis.

Depuis cette époque jusqu'à l'Empire, on ne s'occupe plus de titres. Les lois de fructidor an II et de germinal an XI établissent des règles protectrices pour la conservation des noms.

Les anciens titres et les majorats furent rappelés lorsque Napoléon fut arrivé à l'apogée de sa puissance impériale. Il constitua dans les territoires conquis des sortes de fiefs héréditaires qu'il attribua à ses maréchaux, avec les titres de ducs et de princes : le prince de Bénévent, le duc d'Istrie, de Dalmatie, etc..; Il donna même le titre en y ajoutant, comme signe d'honneur, le nom d'une ville prise, d'un lieu remarquable, comme les ducs de Dantzig, de Vicence, le prince d'Essling, de la Moskowa; il donna des titres sans autre appellation que le nom patronymique : le comte Mollien, le comte Merlin, le duc Decrès. A chaque titre, il attacha la constitution d'un majorat; il détermina son importance et les règles de sa constitution. Le Tribunal remarquera que dans ce travail de réédification d'un ordre nobiliaire, il n'arriva pas une fois à l'empereur Napoléon d'attribuer aux nobles qu'il créait un ancien titre féodal ou le nom d'une famille existante.

La branche aînée des Bourbons ne peut avoir de répugnance pour cette partie des institutions impériales. Cependant la Charte de 1814 se borne à dire, art. 71 : « La noblesse ancienne reprend ses « titres, la nouvelle conserve les siens. Le Roi fait des nobles à « volonté, mais il ne leur accorde que des rangs et des honneurs, « sans aucune exemption des charges et des devoirs de la société. ». Même disposition dans la Charte de 1830.

En 1848, un décret abolit les titres de noblesse, qui sont rétablis par un décret de 1852, et pendant ce temps, en 1835 et en 1849, les majorats sont définitivement abolis.

Ainsi, nous admettons sans peine que, de nos jours, l'Empereur, comme les rois de 1814 de 1830, a le droit de créer des nobles, de conférer les titres de duc, comte, etc., mais en respectant ces trois limites que la législation lui impose : ne rien emprunter au régime féodal; ne rien créer qui ressemble aux majorats; enfin, ne toucher aux noms patronymiques, surtout lorsqu'ils sont portés par des personnes vivantes, qu'en observant les formes et laissant toutes les garanties de la loi de germinal an XI.

Ainsi, pour répondre aux souvenirs historiques si complaisamment rappelés par M. Adalbert, nous lui disons que, sans qu'il s'en soit aperçu, tout a changé depuis l'époque à laquelle ces souvenirs remontent. Il y a encore des ducs, mais il n'y a plus de duchés, et, par conséquent, la transmission du duché de Montmorency, faite en 1757, ne peut pas tirer à conséquence à l'époque où nous vivons, à moins de violer les lois de 1789, si solennellement rappelées en tête de la Constitution de 1852. A moins de violer toutes les lois abolitives des majorats, on ne peut faire autre chose que donner le titre de duc. N'ayant rien à transmettre, il n'y a qu'un titre honorifique que le souverain délègue à qui il veut, mais qui n'est attaché à aucun duché préexistant.

Napoléon Ier, dans sa toute puissance, avait l'intention bien arrêtée d'entourer son trône de quelques-unes de ces institutions qui avaient appartenu à l'ancienne monarchie, de quelque chose qui eût un caractère féodal; mais il ne lui est jamais arrivé d'aller prendre à une famille, même aux familles de l'ancienne monarchie, qui avaient émigré, d'aller prendre leur nom et d'investir de leur titre quelques-uns de ses plus illustres généraux qui l'auraient réclamé comme une faveur.

Eh! bien, ce qui n'a pas été fait à cette époque où les majorats existaient, peut encore moins être fait aujourd'hui que les majorats ont été abolis.

On rappelle dans la requête de M. de Talleyrand-Périgord que le duc Raoul de Montmorency, mort en 1862, était le dernier investi du titre de duc de Montmorency et que ce titre s'est éteint dans sa personne. Quand la charte de 1814 a déclaré que l'ancienne noblesse reprenait ses titres, ils se sont trouvés exister comme distinctions honorifiques au profit de ceux qui les avaient portés autrefois, et le duc Raoul a pris, après son père, le titre de duc de Montmorency, parce qu'ils avaient ce nom, et que le titre leur avait appartenu.

Ce titre de duc, dit la requête, s'est éteint dans la personne du duc Raoul. Sans doute, il s'est éteint avec la vie terrestre de cet homme de bien; ses titres, ses honneurs se sont évanouis comme tous ses droits. Il n'a rien laissé après lui que le souvenir précieux d'un homme distingué par l'esprit, éminent par le cœur; mais il n'a pas laissé quelque chose que l'on puisse faire revivre sous le titre de duché de Montmorency ; on peut créer un nouveau duc; on ne refera pas celui-là. Ainsi il n'y a rien qui ressemble à notre ancienne noblesse dans les nouveaux titres. Le titre aujourd'hui est honorable, mais il n'est qu'un titre, et ce titre doit être attaché ou, comme on l'a fait pour de vaillants soldats, au nom du lieu où ils se sont illustrés, ou au nom patronymique de celui qui l'obtient ; duc Adalbert de Talleyrand-Périgord, nous lui reconnaissons ce titre, il ne peut être autre chose, et nul au monde ne pouvait lui donner, à la suite du titre de duc, le nom de Montmorency, sans observation préalable des règles de la loi de germinal.

S'il en était autrement, ne sentez-vous pas combien seraient illusoires les précautions que cette loi a prises, les garanties qu'elle a données? Un décret de faveur donne le titre et le nom : on oublie bien vite son propre nom de famille; avant que le décret ne soit connu, on s'inscrit hautement *duc de Montmorency ;* le nom de Talleyrand a disparu, mais le titre lui-même est bien long dans la langue familière et de société; on est *duc* dans les bulletins; on est Montmorency dans les salons; après quelques années la transformation est complète; le monde a oublié que vous êtes un Talleyrand.

Pour moi la certitude des principes que je soumets au Tribunal est si évidente que je suis forcé de croire à une erreur du Conseil du sceau : voulant, je ne recherche pas pourquoi, honorer M. Adalbert de Périgord du titre de duc, on y aura ajouté le nom de Montmorency, soit parce que l'on ignorait qu'il existait encore des personnes de la famille et du nom de Montmorency, ou plutôt parce que le Conseil a pensé, ce que j'admettrais plus facilement, que M. Adalbert, fils cadet de la sœur cadette du duc Raoul, avait un droit quelconque à prendre ce nom, ce qui est une manifeste erreur.

Mais ici va se présenter l'objection à laquelle j'ai fait allusion en commençant. Que ce soit par erreur, intentionnellement ou par oubli, le décret porte le nom de Montmorency et nous ne pouvons pas demander au Tribunal de l'effacer. C'est une question de compétence. On n'a fait que l'indiquer en termes vagues dans les conclusions que je viens de rappeler. On pourra la reproduire dans la plaidoirie. J'en dirai quelques mots à présent.

Le décret a toute autorité pour le point sur lequel il avait le droit de statuer. Il avait incontestablement le droit d'attribuer le titre de duc; il l'a fait; peu importent les formes, les motifs, il est à l'abri de toute attaque; il survivra à votre jugement quoi que vous décidiez; mais il n'avait certainement pas le droit de statuer sur l'attribution du nom. S'il l'a fait ce ne peut être que par erreur et il n'a pu enlever aux tribunaux le droit d'examiner une véritable question de propriété, car c'est bien une question de propriété que nous discutons. Le nom que nous revendiquons et que nous ne voulons pas laisser prendre par un usurpateur nous appartient aussi bien et à titre aussi sacré que toute autre propriété. Nous le revendiquons contre qui l'a pris, devant les tribunaux. Nous osons dire qu'il n'en est aucun autre qui puisse régulièrement résoudre une telle question de droit privé.

Que le Tribunal me permette, pour toute justification, de citer un arrêt rendu dans une espèce non pas identique, mais analogue, et que devait régir le même principe. Le débat a eu lieu récemment, devant la première chambre de la Cour entre mon confrère Me de La Boulie et moi. Voici les faits racontés dans le nouveau recueil des arrêts de notre Cour. Le Tribunal verra à quel point l'espèce présente de l'analogie avec celle que nous lui soumettons.

Avant la Révolution, Anne-Claude Rousseau de Chamoy portait par droit héréditaire le titre de marquis de Chamoy. Le 22 floréal an XII, il fit donation à son fils aîné Hippolyte de la nue-propriété des bois de Voivres. En 1811, M de Chamoy père sollicite et obtient de l'Empereur des lettres-patentes qui créent en sa faveur un majorat au titre de baron, et affectent à ce majorat les bois de Voivres. Des lettres-patentes de Louis XVIII confirment ce majorat en y ajoutant le titre de marquis que M. de Chamoy portait avant la Révolution.

Il meurt : son fils aîné Hippolyte prend possession des bois de Voivres, qui lui avaient été donnés en l'an XII. Il hérite du titre de marquis. Dans les testament et codicilles du père, dans le partage de sa succession entre son fils aîné, un autre fils, Édouard et trois sœurs, il n'est pas dit un mot du majorat.

Hippolyte de Chamoy décède à son tour *ab intestat*, laissant pour héritiers son frère et ses trois sœurs. Les bois de Voivres se trouvaient encore en nature dans la succession.

Édouard de Chamoy a réclamé ces bois par préciput et hors part comme formant le corps d'un majorat, constitué par décret impérial et par ordonnance royale transmis de son père à son frère aîné, et maintenant à lui-même.

Ses cohéritiers lui ont répondu que le décret et l'ordonnance n'avaient pu comprendre dans le majorat des bois qui depuis l'an XII n'appartenaient plus à M. de Chamoy père.

Il a soutenu que le Tribunal civil de Troyes était incompétent pour statuer sur une telle défense.

Vous voyez la contestation qui s'élève : M. Édouard de Chamoy dit : Il y a un décret impérial suivi d'une ordonnance royale conforme constituant, à titre de majorat, les bois de Voivres ; je suis l'héritier légal du majorat, je demande à conserver les bois de Voivres. Ses sœurs et neveux soutiennent que les bois de Voivres ayant cessé d'être la propriété de leur père et grand-père, n'avaient pu, sur sa demande, former un majorat. Alors, M. Édouard de Chamoy élève devant le Tribunal de Troyes et devant la Cour de Paris l'exception d'incompétence ; il s'agit, dit-il, de détruire un décret créant un majorat, retirant les bois de Voivres de la libre fortune de la famille de Chamoy ; ce décret doit être attaqué devant les tribunaux administratifs et non devant les juges du droit commun.

Nous répondions : Nous ne connaissons, pour juger notre question, que les tribunaux de droit commun : ce que nous revendiquons, c'est un droit de propriété ; un décret pouvait, en 1811, créer un majorat ; mais aucun décret n'a jamais pu, sous cette forme ou sous une autre, nous ravir notre propriété.

Le Tribunal de Troyes rejeta l'exception d'incompétence, et sur l'appel, la Cour de Paris statue dans les termes suivants, conformément aux conclusions de M. le premier avocat-général :

« Considérant que la décision souveraine qui institue un majorat, « suppose que les biens majoratisés sont la propriété du demandeur, « mais qu'elle ne tranche pas la question de propriété à l'égard des « tiers qui revendiquent des droits antérieurement acquis ; — qu'il « est évidemment inadmissible que le véritable propriétaire d'un « héritage puisse en être dépouillé à son insu et sans être appelé, « parce qu'un demandeur en érection de majorat aura, de mauvaise « foi ou par erreur, compris cet héritage dans les indications de « sa demande. »

« Considérant que la partie qui, en pareil cas, réclame un droit « de propriété sur les biens majoratisés, ne peut être distraite de la « juridiction des tribunaux ordinaires compétents pour prononcer « sur la question de propriété ; que celui qui prétend au bénéfice du « majorat ne peut pas plus porter atteinte à la compétence qu'au « fond de droit ;

« Confirme. »

Plus tard nous revenions plaider au fond, et la Cour a reconnu que les bois de Voivres étaient la propriété de mes clients et n'avaient pu former le majorat de leur père.

N'y a t-il pas, j'avais dit de l'analogie, mais une sorte d'identité entre les deux espèces ? Les motifs donnés par la Cour ne s'appliquent-ils pas exactement à notre question ? Un décret qui constitue un majorat ; un décret qui confère un titre nobiliaire ; un décret qui, pour former un majorat, prend le bien d'autrui ; un décret qui, en constituant un titre nobiliaire, y ajoute le nom d'autrui ; les propriétaires de ces biens réclamant, les propriétaires du nom réclamant ? La situation n'est-elle pas identique et les tribunaux, compétents pour la première, ne le sont-ils pas pour connaître de la seconde ?

Voilà, relativement à la question de compétence. Le Tribunal comprend, comme je le disais en commençant, qu'il était nécessaire d'écouter les développements de l'action même, avant de juger la question de compétence qui ensuite se dégage avec une telle facilité qu'elle ne paraît pas pouvoir présenter de difficulté pour sa solution.

J'ai encore un mot à dire. M. le comte Adalbert de Périgord ne s'est pas contenté de prendre un nom qui ne lui appartient pas; il a jugé à propos de prendre les armes de la famille de Montmorency, et il s'est fait préparer un écusson que l'on peut voir aux vitrines de quelques graveurs, dans lequel, dissimulant autant que possible les trois lions d'or de la famille Talleyrand, il prend les alérions que Mathieu de Montmorency a conquis à la bataille de Bouvines. Par l'action que nous avons intentée, nous avons demandé au Tribunal de prononcer sur les armes comme sur le nom.

M. Rolland de Villargues, dans son *Répertoire*, au mot *Armoiries*, s'exprime ainsi :

« Les armoiries sont pour la famille qui en a la possession légi
« time une véritable propriété que nul n'a le droit d'usurper; si
« donc une autre famille s'en décore, elle peut l'appeler devant les
« tribunaux, pour la contraindre à justifier de son droit, et si ce
« droit n'est pas clairement établi, à quitter des armoiries qu'elle
« n'aurait jamais dû prendre. »

Et il cite le nouveau Denizart au mot *Armoiries;* un arrêt du Conseil de 1704, un arrêt de cassation du 25 février 1823 dans l'affaire de Crouy-Chanel. — Dalloz, au mot *Noblesse*, n° 39, adopte la même opinion.

Nous ajoutons cette réclamation à la première. Nous avons conclu sur ce point comme sur le premier. M. Adalbert de Talleyrand-Périgord a des souvenirs glorieux attachés aux Talleyrand ; il peut avouer ses armes, il n'a pas besoin de les cacher modestement sous les alérions des Montmorency. Quant à nous, nous réclamons les armes de notre famille; en même temps, et surtout, nous demandons au Tribunal de nous conserver notre nom. Labruyère dit quelque part : « Il n'y a point au monde un si pénible métier que de se faire « un grand nom ; la vie s'achève que l'on a à peine ébauché son « ouvrage. » Quiconque a voué son existence à un travail honorable est frappé d'abord de cette grande pensée, et cependant il paraîtrait qu'elle manque de vérité. Selon notre adversaire, il y aurait un moyen simple et peu laborieux de se faire un grand nom. Ce moyen, Labruyère ne l'avait pas prévu. J'espère que le Tribunal ne le tolérera pas.

M. le Président : Me Nicolet a la parole.

Me Nicolet, après avoir pris ses conclusions au nom de M. Adalbert de Talleyrand-Périgord, duc de Montmorency, s'exprime en ces termes :

Messieurs,

A travers la modération plus apparente que réelle de la plaidoirie que vous venez d'entendre, et sous cette courtoisie de langage un peu étudiée, dont, — la dernière phrase exceptée, — elle a soigneusement surveillé les écarts, il n'a point été difficile à M. de Talleyrand-Périgord, duc de Montmorency, de rencontrer çà et là quelques atteintes blessantes, et partout beaucoup d'amertume. Il ne songe pas à s'en plaindre ; encore moins songe-t-il à s'en prévaloir et si, avec ses vingt-huit ans, il n'a pas conquis l'illustration personnelle dont l'éclat environne, paraît-il, le prince ou le comte de Montmorency-Luxembourg, et dont, par modestie sans doute, ils n'ont pas jugé à propos de rappeler les titres, il aura au moins un mérite qu'on lui reconnaîtra, je l'espère, après avoir entendu sa défense ; — c'est qu'il n'oubliera pas que tous ceux qui se pressent en face de lui dans cette audience, sont de sa famille ; — que dans un tel débat, plus que dans tout autre, honorer ses adversaires, c'est s'honorer soi-même; — et qu'enfin, ce nom qui soulève ici de si bruyantes protestations, sa mère l'a porté, et qu'à cette seule cause, il doit le respecter chez tous ceux qui l'ont porté comme elle, et chez tous ceux qui ont l'honneur de le porter encore.

Mais, si la cause de M. le duc de Montmorency s'impose ainsi un devoir de convenance auquel elle restera fidèle, elle ne s'interdit pas de jeter un coup-d'œil sur ceux à qui elle doit répondre et de leur demander, sans trop d'insistance, mais de leur demander compte de leur qualité et de leur intérêt : — ils sont nombreux ; ils sont au nombre de vingt-sept, puissamment escortés, à cette audience, comme on peut voir. Or, parmi ces vingt-sept, il y en a deux seulement qui portent le nom de Montmorency..., je me trompe, chez qui le nom de Montmorency est mêlé à leur nom, car ils s'appellent, non pas prince de Montmorency, non pas comte de Montmorency, mais prince de Montmorency-Luxembourg, comte de Montmorency-Luxembourg, et par cela même, — pour rappeler une phrase pleine d'aménité que j'emprunte à la consultation dont on rappelait tout à l'heure le souvenir, — ils n'ont pas à craindre, que je sache, d'être confondus avec M. de Talleyrand-Périgord, duc de Montmorency.

Je ne parle pas de celle qu'on a nommée la duchesse douairière de Montmorency ; — j'imagine qu'on a voulu dire Mme Loyauté, veuve sans enfants de M. de Montmorency, dernier duc de Châtillon, qui vient d'intervenir à la dernière heure après de légitimes hésitations, et dont nos nobles adversaires me permettront de ne pas m'occuper davantage.

Ils sont donc deux chez qui le nom de Montmorency est mêlé à leur nom, et dont l'intérêt, comme je viens de le dire, est déjà assez peu sensible. — Quant aux autres, je me demande s'ils ont même une apparence d'intérêt.

Je rencontre, en première ligne, Mme la marquise de Biencourt, Mme de La Châtre, M. le duc de Brissac, et je cherche vainement qui peut exciter l'ardeur de leurs préoccupations. — La jurisprudence proclame, je le sais, que si les filles ne portent pas le nom de leur père, elles ont toujours le droit de le défendre contre des usurpations compromettantes; mais je ne sache pas que la marquise de Biencourt, la comtesse de La Châtre, et la duchesse de Brissac, soient filles, ni même petites-filles du dernier duc de Montmorency, et, si la généalogie a raison, elles ne se rattachent à lui, comme filles du prince de Tancarville, que par un lien collatéral.

D'autres, qui figurent également au procès, sont animés, il faut le reconnaître, d'une sollicitude bien plus lointaine encore. C'est, par exemple, Mme la marquise, si je ne me trompe, aujourd'hui duchesse de Mirepoix; c'est la marquise de Pimodan et M. de La Rochefoucauld, duc de Bisaccia, qui représentent quelques rameaux de la branche des Laval, laquelle s'est détachée de l'arbre en 1241, de telle sorte qu'ils sont séparés du dernier duc par l'espace très-respectable de six siècles, et par quarante ou cinquante degrés généalogiques!

En vérité, Messieurs, quand je considère ce tableau qui est sous mes yeux, je me demande comment on a été ainsi convoquer à travers les siècles le ban et l'arrière-ban de la maison de Montmorency, et comment, à travers les siècles, il a cru devoir répondre à l'appel!

J'ai entendu donner à cet égard une explication inspirée évidemment par une pensée malicieuse : — j'ai entendu dire qu'on saisissait avec joie toute occasion de faire savoir qu'on est Montmorency, — si bien, par exemple, que quand un Montmorency meurt, on ne peut s'imaginer la profusion de deuil qui s'abat sur le noble faubourg!

Pour moi, je n'accepte pas cette malveillante interprétation, et j'aime mieux croire que le procès a été inspiré par un sentiment plus sérieux, mais qui a le tort de n'être point réfléchi.

Quoi qu'il en soit, Messieurs, je n'insiste pas sur ces considérations préliminaires, car M. le duc de Montmorency n'entend décliner la lutte vis à vis de personne.— On lui demande compte, au nom des siècles passés, comme au nom du siècle présent : — il va rendre compte à tous!

Et d'abord il doit rendre compte de lui-même. — Qui est-il? — Il faut le dire : il faut l'apprendre même, il paraît, à ses adversaires, car dans la consultation dont ils ont sans doute fourni les éléments, voici ce que je lis, à la page 21 :

« Comment la propriété du nom, la seule que nous ne puissions pas
« aliéner, serait-elle aussi, par une exception contradictoire, la seule qui
« puisse nous être *ravie arbitrairement?* Comment ce nom, si invariable
« qu'il ne nous est pas permis d'en disposer, pourrait-il être, malgré
« nous, donné en partage *à un étranger*, et, sous nos yeux, déshonoré
« peut-être par *une sorte de Sosie que nous infligerait le caprice du*
« *prince?*...

Ah! voilà des erreurs étranges! Et permettez-moi de m'y arrêter, car ces erreurs-là ont fait leur chemin et elles étaient destinées à le faire. — Ce mémoire n'a pas été libellé seulement pour vous; cette consultation, elle n'a pas été renfermée dans nos enceintes judiciaires On les a publiés, — non-seulement publiés, — mais propagés avec une profusion toute libérale. On les a répandus partout en France, partout à l'étranger; on en a défrayé les oisivetés élégantes des Eaux et des bains de mer. Ce jour-là on n'a pas même dédaigné la roture et on a voulu se donner l'appoint de ses émotions : on lui a dit que ce qui se faisait aujourd'hui pour les grands noms qui sont un honneur, se ferait demain pour les noms moins éclatants qui sont une fortune, de sorte que tel de ces simples qui aurait laissé passer, en souriant peut-être, tout ce torrent de lamentations nobiliaires, s'est demandé si la plus chère partie de son patrimoine n'était pas en danger!

Il faut les rassurer et rassurer MM. de Montmorency-Luxembourg eux-mêmes en apprenant à tous qui est M. de Talleyrand-Périgord! — J'ai bien vu dans la plaidoirie de mon honorable adversaire qu'on commençait à s'en douter un peu; mais enfin, à ceux qui ne l'ont pas entendue et qui en sont restés au mémoire, il est bon de dire quel est cet étranger qu'on affuble du nom de Montmorency !

M. de Talleyrand-Périgord est le seul mâle, dans ce procès, qui descende en ligne directe des derniers ducs de Montmorency. — Il est l'arrière petit-fils de Léon II de Montmorency, marquis de Fosseux, et de Anne-Charlotte de Montmorency-Luxembourg, unis en 1767 par mariage. Il descend ainsi directement tout à la fois et de la branche aînée et de la branche cadette, — la seule dont descendent par un rameau puîné MM. de Montmorency-Luxembourg. Il est le petit-fils de l'avant-dernier duc de Montmorency, et le neveu du dernier duc qui est mort en 1862 sans enfants. Par sa mère, il résume donc en sa personne la branche aînée et la branche cadette de la maison de Montmorency, réunies par le mariage dont je viens de parler, tandis que le prince et le comte de Montmorency-Luxembourg descendent seulement d'une branche cadette de la branche cadette des Montmorency-Luxembourg, — de telle sorte que si l'on pouvait compter les gouttes de ce sang précieux qui coulent dans les veines de mon client et dans les vôtres, il serait encore plus riche que vous !. — Voilà le Sosie ! voilà l'étranger! voilà l'intrus!

Et maintenant, d'où tient-il son droit ?

Je lis encore dans ce mémoire, à la page 56, les quelques lignes que voici :

« Qu'y a-t-il? Un fait brutal, une usurpation qui n'essaye pas même « de se légitimer, qui ne se cache derrière aucun semblant de légalité; un « nom *pris* et *appréhendé par M. de Talleyrand*, nom qui n'est pas celui « de son père, ni d'aucun de ses ancêtres paternels, et ce nom, c'est « celui de Montmorency! Il laisse de côté les armes paternelles, noble « blason pourtant, et il prend les armes de Montmorency... »

Ainsi il a appréhendé!... Il a pris !... Il s'est avisé un beau matin, vous l'avez entendu tout à l'heure, — étouffant sous cette étrange fantaisie le pieux souvenir de sa famille et le respect de son nom, — il s'est avisé de s'abattre sur le nom de Montmorency !

Comment! Comment! qui veut-on tromper par de telles violences de langage? Mais on sait, mais on a su dès le premier jour que si M. de Talleyrand-Périgord a ajouté à son nom le titre de duc de Montmorency, c'est en vertu d'un décret impérial rendu après avis du Conseil du sceau. — Nous allons en examiner dans un instant la valeur, mais vous conviendrez qu'en tout cas, c'était là au moins, aux yeux de mon client, un titre apparent qui lui permettait bien de se mettre en possession provisoire et qui aurait dû le protéger, ne fût-ce que contre de telles formes de langage!

Aussi, il faut bien le dire, ce n'est pas réellement à lui, que s'adressent vos coups! Il n'est dans le procès que le page anecdotique qui était chargé de recevoir les corrections de M. le Dauphin. Non! Ce n'est pas à lui que vous jetez vos indignations et vos attaques! — c'est au décret!

Eh bien! soit: je ne veux pas vous demander compte du sentiment qui vous inspire; je ne veux pas vous demander ce que vous penseriez si ce décret s'appelait une ordonnance et s'il était signé d'un autre nom: — je ne veux même pas vous demander, si parmi vous, il n'en est pas un, ou une, qui, discrètement, — oh! très-discrètement, — a fait appel à cette prérogative que vous déclinez aujourd'hui. Non! je ne veux ni vous embarrasser, ni paraître éluder ou retarder le débat!

C'est donc le décret que vous attaquez; c'est la prérogative que vous contestez. Vous prétendez qu'il y a eu abus et violation du droit; soit! vous dis-je! Le débat s'élève et prend les proportions d'une question de droit public. Je l'accepte ainsi avec le sentiment de ma faiblesse personnelle; mais avec cette confiance que ma défense repose sur des bases tellement solides, sur des principes tellement évidents, sur des exemples historiques tellement saisissants, que je ferai facilement justice des équivoques qui défraient depuis trop longtemps déjà cette polémique.

— Mais d'abord, comment a été rendu le décret? Il faut le savoir, et rectifier en passant quelques erreurs échappées à la plaidoirie que vous venez d'entendre.

Le 18 août 1862, mourait au château de Courtalin le dernier duc de Montmorency; en lui, s'éteignait cette existence à laquelle a été rendu un hommage mérité : en lui s'éteignait du même coup le titre de duc de Montmorency.

Ses plus proches conçurent alors une ambition excusable, l'ambition de voir relever ce titre auquel se rattache de si glorieux souvenirs. — Deux demandes furent en même temps adressées à l'Empereur; car ce n'est pas M. le prince de Beauffremont qui a eu l'honneur de leur frayer la voie. L'une de ces deux demandes fut présentée par M. le prince de Beauffremont, fils de la sœur aînée du dernier duc de Montmorency. Il ne réclamait pas une faveur, vous l'avez dit, et aussi, vous lui avez pardonné! Il réclamait un droit. — Il prétendait que le duché de Montmorency, étant femelle, devait, à défaut de mâle, se transmettre par les femmes, et que, comme il représentait, par ordre de primogéniture, le droit de transmission féminine, c'était sur sa tête que le titre devait désormais reposer.

M. de Talleyrand-Périgord ne s'adressait pas à son droit; il s'adressait à la prérogative impériale, et il demandait une faveur. Il rappelait, — je demande pardon à mes adversaires pour ces souvenirs importuns, — il rappelait que son grand-père, le duc de Montmorency, avait donné l'exemple de la fidélité au premier Empereur; qu'il n'avait pas cru déroger en servant la plus grande gloire qui ait ébloui ce monde; qu'exemple vivant de la transformation des âges, il avait été général de la garde nationale, et que, par un étrange contraste, il avait, en 1814, fait tirer la dernière cartouche sur les armées alliées, tandis que Marmont, duc de Raguse de par l'Empereur, signait la capitulation qui ouvrait la capitale à Louis XVIII.

(Signes de dénégations de la part de Me Berryer.)

Me Berryer (*à part*). — Ce n'est pas vrai !

Me Nicolet. — C'est de l'histoire, Me Berryer, et il n'y a pas de puissance au monde qui puisse l'effacer.

Me Berryer. — Je ne vous parlais pas.

Me Nicolet. — Vous ne me parliez pas, mais vous avez parlé ! vous avez dit : ce n'est pas vrai ! Il faudrait alors admettre qu'on fait encore l'histoire, comme dans un autre temps, à l'usage des passions !

Voilà les souvenirs que rappelait M. de Talleyrand-Périgord; souvenirs importuns peut-être pour quelques-uns, glorieux pour les autres, et je suis de ce nombre, car je m'incline devant toutes les fidélités !

Il rappelait aussi que sa grand'mère avait été dame d'honneur de l'impératrice Marie-Louise, que son père avait été tenu sur les fonts de baptême par le premier Empereur, — et il demandait à voir revivre en lui ce titre qui avait touché de si près son berceau.

Les deux demandes faites, l'Empereur, en souverain qui dispose despotiquement de toute chose suivant les seuls caprices du bon plaisir, l'Empereur les renvoya l'une et l'autre à l'examen du Conseil du sceau, qui renferme, je pense, quelques gens honorables, respectés, intelligents; parmi eux, notamment, MM. Langlais et Duvergier, deux hommes capables, on ne me démentira pas ici, de quelque science et de quelque indépendance.

Ils examinèrent et aucune lumière ne leur manqua : — d'un côté, les demandes développaient les moyens que chacun croyait pouvoir faire valoir — et d'un autre côté, le Conseil du sceau avait reçu de la famille de Montmorency, de ceux-là mêmes qui se retrouvent aujourd'hui à votre barre, une protestation motivée qui apportait au Conseil tous les éléments de contradiction, et par cela même, toutes les garanties d'une décision éclairée.

Le Conseil émit son avis : — Il déclara que le droit réclamé au nom de M. le prince de Beauffremont, était un droit irrévocablement éteint ; que le duché avait bien été femelle ; mais que la faculté de transmissibilité féminine avait été épuisée aux termes des édits par le mariage du marquis de Fosseux avec la descendante des Montmorency-Luxembourg, et que dès lors le titre ne pouvait pas se relever de lui-même en faveur de M. le prince de Beauffremont.

Le Conseil du sceau émit en même temps l'avis que rien ne pouvait s'opposer à ce que l'Empereur concédât à M. de Talleyrand-Périgord la faveur qu'il sollicitait, et c'est sur cet avis motivé que l'Empereur rendit le décret dont il faut remettre les termes sous vos yeux.

Voici ce décret :

NAPOLÉON, par la grâce de Dieu et la volonté nationale, Empereur des Français,

A tous présents et à venir, salut.

Vu la requête présentée au nom de M. de Talleyrand-Périgord (Nicolas-Raoul-Adalbert), né à Paris le 22 mars 1837, tendant à obtenir la concession du titre héréditaire de duc de Montmorency, conféré, suivant lettres-patentes du roi Henri II, du mois de juillet 1551, transmis une première fois par le roi Louis XIV, en vertu de lettres-patentes du mois d'octobre 1689, à Charles-François-Frédéric de Montmorency-Luxembourg, prince de Tingry ; — une seconde fois par le roi Louis XV, par lettres-patentes de décembre 1767, à Anne-Léon de Montmorency, marquis de Fosseux, « et à ses enfants mâles à naître, et descendants de mâles en mâles en loyal mariage », — et recueilli en 1846 par son oncle maternel, M. Anne-Louis-Raoul-Victor, dernier descendant mâle du marquis de Fosseux, décédé sans postérité le 18 août 1862, et en la personne duquel s'est éteint le titre de duc de Montmorency ;

Vu l'avis émis par le Conseil du sceau des titres ;

Sur le rapport de notre garde des sceaux, ministre secrétaire d'État au département de la justice et des cultes,

Avons décrété et décrétons ce qui suit :

Art. 1er. Nous concédons à M. de Talleyrand-Périgord (Nicolas-Raoul-Adalbert), pour en jouir lui et sa descendance directe, légitime, de mâle en mâle, par ordre de primogéniture, le titre de duc de Montmorency, qui s'est éteint en la personne de son oncle maternel, M. Anne-Louis-Raoul-Victor, décédé sans postérité, le 18 août 1862.

Art. 2. Le titre de duc de Montmorency ne sera porté par M. de Talleyrand-Périgord (Nicolas-Raoul-Adalbert), et l'ampliation du présent décret ne lui sera délivré qu'après paiement des droits de sceau attachés à la collation dudit titre.

Art. 3. Notre garde des sceaux, ministre secrétaire d'État au département de la justice et des cultes, est chargé de l'exécution du présent décret.

Fait au palais des Tuileries, le 14 mai 1864.

Signé : NAPOLÉON.

Ce décret n'a pas été connu, me dit-on ? — C'est-à-dire qu'on n'a pas voulu le connaître, afin de se garder le plaisir des aménités que je citais tout à l'heure. Mais le décret a été parfaitement notoire, notoire particulièrement pour nos adversaires, car il a été précédé de leur protestation.

Il n'a été inséré, il est vrai, au *Bulletin des Lois* qu'au mois d'août 1864, mais Me Dufaure sait à merveille qu'à côté de la vérité officielle, il y a la vérité vraie, et quand vous avez connu le décret par *le Moniteur*....

Me Dufaure. — Je l'ai connu par *la Gazette de France*.

M. le Président. — Me Nicolet, ne vous adressez pas à Me Dufaure, adressez-vous au Tribunal.

Me Nicolet. — Je suis bien embarassé, M. le Président; on me jette de chaque côté des interruptions continuelles qui me gênent beaucoup, et quand je me permets envers mes éminents contradicteurs une de ces interpellations qui nous sont familières, il semble que je les blesse personnellement !

Je reprends : Me Dufaure a prétendu que ses clients n'avaient pas connu le décret.

Je lui réponds que ses clients ont parfaitement su que le décret avait été rendu, et qu'ils y étaient en quelque sorte partie présente.

Mais pourquoi n'a-t-il paru au *Moniteur* qu'au mois d'août 1864 ? Pourquoi pas avant ? — Parce qu'il n'y avait aucune nécessité qu'il y fût inséré ! Parce que, conformément au Droit Public et à la règle constamment suivie, les décrets qui touchent à la collation des titres ne sont pas nécessairement sujets à cette formalité, et que leur existence seule suffit pour attester la volonté du Souverain.

Si on l'a inséré plus tard, ç'a été peut-être pour ne pas laisser subsister, en présence du procès et de la consultation publiée dans les journaux, cette affectation d'ignorance dont MM. de Montmorency-Luxembourg voulaient se couvrir, dont ils se couvraient jusque dans leurs conclusions. Alors seulement le *Moniteur* a parlé... Non pas parce qu'il était nécessaire qu'il parlât, mais parce qu'on avait rendu utile qu'il parlât.

Quoi qu'il en soit, voilà ce décret, et qu'il ait été publié au mois de juin ou au mois d'août, vous ne pouvez plus le méconnaître.

Le débat se pose donc ainsi : — M. de Talleyrand-Périgord prétend qu'il tient du décret le droit de joindre à son nom le titre de Duc de Montmorency, et vous, vous prétendez le lui faire interdire par jugement.

Arrêtons-nous un instant ici, Messieurs, pour examiner en passant cette question de compétence que l'on a si lestement tranchée tout-à-l'heure. Non pas, croyez-le bien, que ma cause ait besoin de se réfugier dans des fins de non-recevoir. Non, certes ! — Et bien loin de là, je ne crains qu'une chose, c'est que les principes du Droit Public ne vous permettent pas de la juger ; mais il est bon de savoir où nous allons, et dans quelle mesure nous pouvons utilement débattre les questions qui vous sont soumises.

De trois choses l'une : — ou l'on prétend que le décret a conféré à M. de Talleyrand-Périgord un nom nouveau, ou plutôt a ajouté un nom à celui qu'il portait antérieurement, et alors on soutient que ce décret, rendu en dehors des formalités prescrites par la loi, ne peut pas protéger celui qui s'en prévaut. — Ou bien on reconnaît que c'est un titre qui a été concédé à M. de Talleyrand-Périgord, mais on prétend, en même temps, que le décret se trouve mélangé d'éléments dont la présence le frappe d'illégalité. — Ou bien, enfin, revenant à la première hypothèse, à savoir que c'est un nom qui a été donné à M. de Talleyrand-Périgord, on admet que le décret ne peut être attaqué devant les tribunaux du droit commun, mais on ajoute que M. de Talleyrand-Périgord a eu le tort de s'en approprier prématurément le profit, et qu'il doit rendre compte devant les tribunaux de l'abus intempestif qu'il fait d'un décret inattaquable en soi.

Voilà les trois points de vue auxquels peut se placer l'action adverse, et si j'ai bien compris la plaidoirie que nous venons d'entendre, c'est au premier qu'elle s'arrête.—Elle nous dit : C'est un nom qui vous a été attribué, mais il ne l'a pas été dans les formes prescrites par la loi, ni sous l'empire des conditions tutélaires qu'elle impose, et dès lors le décret est impuissant à vous couvrir!

Si telle est bien la pensée de la demande, c'est elle-même qui est frappée d'impuissance absolue dans cette enceinte! l'incompétence du Tribunal est radicale, impérative, d'ordre public, et personne ne peut vous en relever, même l'intérêt le plus pressant, l'intérêt de la discussion et de la vérité qui doit en ressortir. — Incompétence d'ordre public, ai-je dit, car elle vous est imposée tout à la fois, et par les grands principes du Droit Public et par la loi spéciale.

Les principes du Droit Public d'abord, — et je pense qu'il suffit de les énoncer : vous avez déjà compris qu'il s'agit de la séparation des Pouvoirs qui ne permet pas à l'autorité judiciaire d'entreprendre sur les décrets émanés du Souverain.—En second lieu, la loi spéciale, la loi de germinal an XI, dont les adversaires ne peuvent décliner les dispositions, après les avoir invoquées avec tant d'ardeur.

Messieurs, dans la consultation à laquelle je demande la permission de me reporter une fois encore, j'ai lu avec le plus profond étonnement quelques lignes que je veux citer :

« Nous ne connaissons en France aucune loi ancienne ou moderne « qui livre le nom des familles, cette propriété inaliénable, incessible et « respectable entre toutes, à la disposition du chef de l'État, et qui lui « permette d'en investir tel individu qu'il lui plairait de choisir; et nous « ajoutons qu'une telle loi serait le bouleversement et l'anéantissement de « la famille; et pourrait jeter la confusion dans l'État.

« Il faut se garder de confondre le droit du prince, droit essentielle- « ment gracieux, de conférer l'autorisation d'ajouter un nom nouveau « au nom patronymique, ou même de substituer ce nom nouveau à l'an- « cien, avec ce droit qui serait d'une toute autre nature, de s'emparer « d'un nom appartenant à une famille qui existe, qui le porte, par lequel « elle a son individualité et son unité, qui lui sert comme de drapeau; de « s'en emparer malgré elle et d'en disposer au profit d'un tiers. »

Comment! vous ne connaissez aucune loi qui autorise le Souverain, non pas certes à dépouiller qui que ce soit, le plus humble, comme le plus grand, d'une propriété sur laquelle ni Lui, ni personne ne peut porter la main, mais qui l'autorise, ce qui est très-différent, à conférer la même propriété à telle autre personne qui lui plaît, et pour préciser ma pensée, qui lui donne la prérogative d'investir le premier venu d'un nom qui est déjà la propriété d'une autre famille! —Vous ne connaissez pas cette loi qui soulève à l'avance toutes vos protestations! Mais cette loi, c'est celle-là même que vous invoquez, c'est la loi de germinal an XI. Elle édicte — (faut-il vous le dire ?)— qu'il appartient au gouvernement d'autoriser qui le lui demande à changer son nom, à le modifier, à y ajouter un autre nom; et, s'il y a réclamation (et il ne peut jamais se produire de réclamation sans qu'il y ait un intérêt lésé)— elle institue le tribunal qui doit en connaître. —Lequel? Le gouvernement lui-même, c'est-à-dire le Souverain, car en l'an XI le Souverain s'appelait Gouvernement! —Ce qui veut dire que le seul recours qui se puisse exercer en pareil cas, c'est d'en appeler du Souverain mal informé au Souverain bien informé, et dans nos formes constitutionnelles modernes, du Souverain au Souverain en son Conseil d'État.

Mais, ajoutent les adversaires, dans leur consultation, du moment où une réclamation se produit, le Souverain s'arrête toujours.—Toujours?... Non! Souvent?... Oui! Mais souvent aussi il persiste, et dans tous les cas, soit qu'il persiste, soit qu'il rétracte sa volonté première, il affirme sa prérogative.

Et qui a disposé ainsi? — Ce n'est ni une loi de bon plaisir ni une loi monarchique, c'est une loi républicaine, la loi de germinal an XI! Elle a investi le Souverain qui se nommait alors le Gouvernement, qui s'est appelé depuis Empire ou Monarchie, de cette prérogative considérable, je le veux, dangereuse, je vous l'accorderai, — mais incontestable, et en même temps de cette plénitude de juridiction qui ne permet à la justice de droit commun aucun pouvoir d'intervention.

De par la loi spéciale, de même que de par les principes de Droit Public, c'est donc au Conseil d'État que, même dans votre hypothèse, il faudrait porter vos doléances! Et, chose étrange! si je suis bien informé, c'est ce que vous avez fait.—Vous vous êtes pourvus au Conseil d'État, et votre instance y est pendante : mais, alors, je me demande ce que nous faisons ici. Ah! devant le Conseil d'État, croyez-le, notre défense ne sera ni plus embarrassée ni plus difficile. Nous vous y répondrons — (en vous concédant pour un instant et contre toute évidence, on le verra bientôt, la vérité de votre hypothèse),— nous vous y répondrons avec une jurisprudence incontestée, qu'il ne suffit pas de porter un nom pour s'opposer légitimement à ce que ce nom soit attribué à un autre.—Le mémoire et la consultation sont à cet égard d'une singulière témérité d'affirmation! Il semble qu'il suffise de constater le fait pour entraîner le droit, et que le Souverain s'arrête toujours, et son Conseil avant lui, devant toute réclamation !—Mais c'est le contraire qui arrive tous les jours, et qui s'est produit couramment sous tous les régimes !

Écoutez cet avis suivi de décret le 6 août 1861 :

« Un décret du 7 janvier 1860 a autorisé les sieurs Ambroise et Louis « Jacobi à ajouter à leur nom patronymique celui *de Goncourt.* — Les « sieurs Huot de Goncourt se sont pourvus au Conseil d'État pour deman- « der le rapport de ce décret, prétendant qu'ils avaient le droit exclusif « de porter le nom de Goncourt. — Le commissaire du gouvernement a « conclu au rejet de l'opposition. « En principe, a-t-il dit, il répugne à « l'idée du nom d'être une propriété exclusive. Il y a partout des noms « identiques, dans chaque pays, dans chaque ville. Quand on s'adresse « au Conseil d'État pour faire rapporter une autorisation, il faut justifier « qu'elle présente des inconvénients; qu'elle cause un préjudice. Cette « justification n'est pas faite ici. Il y avait deux terres de Goncourt, deux « familles de Goncourt. Rien n'empêche donc que la propriété du même « nom appartienne aux deux familles. »

« NAPOLÉON, etc. — Vu la loi du 11 germinal an XI ; — Considérant « que les requérants ne justifient pas que le décret attaqué leur cause pré- « judice ; qu'ainsi ils n'ont pas intérêt à s'opposer à ce que les sieurs « Jacobi soient autorisés à ajouter à leur nom patronymique celui de « de Goncourt et à s'appeler, à l'avenir, Jacobi de Goncourt,— Art. 1er. La « requête des sieurs Huot de Goncourt est rejetée.

Du 6 août 1861. (CONSEIL D'ÉTAT.)

Je pourrais multiplier les citations. Je me borne à cette autre qui concerne un nom très-honorable, et, si je ne me trompe, entouré de quelque illustration :

« Vu la loi du 11 germinal an XI ; — Considérant que les requérants ne « justifient pas que le décret attaqué leur cause de préjudice, et qu'ainsi « ils n'ont pas intérêt à s'opposer à ce que le sieur C... et son fils mineur « soient autorisés à substituer à leur nom patronymique celui de d'Aubi-

« gny, et à s'appeler, à l'avenir, d'Aubigny; que, dès lors, ils doivent être « déclarés mal fondés dans leur opposition, — Art 1er. La requête est « rejetée.

Du 5 *décembre* 1860. (Conseil d'État.)

Vous le voyez, il s'agissait d'un premier venu qui avait un nom ridicule (je l'ai passé pour ne pas exciter les rires de l'auditoire) et qui s'était avisé que le nom de d'Aubigny sonnait mieux que le sien. — Il avait obtenu l'autorisation de le prendre : sont intervenues de deux côtés différents deux familles qui portaient le nom de d'Aubigny, et elles ont dit, — comme MM. de Montmorency-Luxembourg disent aujourd'hui, mais avec bien plus de raison, vous le verrez, et aussi avec moins de passion, j'imagine, — elles ont dit : « Comment! voilà « un étranger, un intrus qui prend le nom de d'Aubigny; mais c'est « notre nom! c'est la plus chère partie de notre patrimoine, c'est la « propriété la plus sacrée que nous ayons à défendre, et personne « n'y peut porter la main ! »

On leur a répondu : — On ne vous prend pas votre propriété ; on ne vous enlève pas votre nom ; on confère seulement à un autre le droit de porter le même nom, ce qui est très-différent. Avez-vous un intérêt légitime pour vous y opposer ?.. Il ne vous suffit pas de montrer que ce nom est vôtre : il faut montrer que vous êtes sérieusement lésés parce qu'il ne sera plus exclusivement vôtre ! — Vous ne justifiez pas d'un préjudice ? — Votre demande est repoussée.

Si donc, Messieurs, nous étions devant le Conseil d'État, et si l'on pouvait nous y demander compte du décret, je répondrais à MM. de Montmorency-Luxembourg, — et à plus juste titre encore — ce qu'on répondait à MM. d'Aubigny : Quel est votre intérêt ? quelle est votre préoccupation ? Vous n'en pouvez avoir qu'une : celle d'une confusion gênante, compromettante même, pour entrer un moment dans le regrettable langage de votre passion ! — Mais vous vous nommez prince de Montmorency-Luxembourg, tandis que votre adversaire se nomme Talleyrand-Périgord, duc de Montmorency. — Il n'y a donc pas de confusion possible!

Je répondrais ensuite à Mme de Biencourt ou à M. le duc de Brissac : —Votre crainte est plus chimérique encore : aucune confusion ne peut, ni de près ni de loin, vous atteindre : En quoi êtes-vous donc lésés ? en quoi votre honneur est-il blessé? en quoi le passé de votre maison a-t-il à souffrir? en quoi l'avenir de vos enfants est-il compromis?—Et cette seule observation serait suffisante, j'imagine, pour faire repousser leur requête. Mais au moins nous serions devant la juridiction légitime!

Voilà donc la première hypothèse.

Passons à la seconde. Est-ce un titre qui a été conféré à M. de Talleyrand-Périgord ? La conséquence est la même : — c'est encore au Souverain qu'il faut soumettre le recours, au Souverain mieux éclairé, non plus en son Conseil d'État, mais en son Conseil du sceau. — Et MM. de Montmorency-Luxembourg le savent bien, car c'est au Conseil du sceau qu'ils ont tout d'abord adressé leur protestation ! Mais s'il s'agit d'un titre, comme s'il s'agit d'un nom, le Tribunal est frappé d'une égale incompétence.

Il est enfin, Messieurs, un troisième point de vue auquel, de retraite en retraite, les adversaires semblent se placer : C'est bien un nom, disent-ils, qui a été conféré à M. de Talleyrand-Périgord ; nous le maintenons ainsi, et nous reconnaissons que nous ne pouvons traduire à la barre du Tribunal la légalité du décret; mais M. de Talleyrand-Périgord a excédé son droit en s'investissant de ce nouveau nom avant le délai d'une année qui lui était imposé par la loi de germinal an XI : et, sous ce rapport, il est incontestablement justiciable des tribunaux ordinaires!

Je m'empresse de le reconnaître, Messieurs : oui, à ce point de vue, votre compétence est incontestable. Mais si le procès se réduit à cela, on s'explique difficilement, il faut en convenir, le bruit dont on l'a environné et toutes les puissances qu'on a appelées à son aide. Tel quel cependant, et renfermé dans ces médiocres limites, il aurait au moins un mérite : — il en a même deux : d'une part, il aurait saisi la juridiction compétente ; d'autre part, et c'est là le mérite qui me touche le plus, il nous permet de déterminer la portée du décret, et d'en finir avec les confusions qui ont été accumulées dans ces controverses ardentes.

Examinons donc la portée du décret, et avant tout demandons-la au décret lui-même : —Est-ce un nom qui a été donné à M. de Talleyrand-Périgord? Voyons donc! —Son nom reste le même ; il s'appelait hier Talleyrand-Périgord ; il s'appellera demain Talleyrand-Périgord ; ses enfants s'appelleront Talleyrand-Périgord; son aîné seul s'appellera, et seulement après lui, Talleyrand-Périgord, duc de Montmorency. Ce n'est donc pas un nom qui lui a été donné : — le caractère essentiel d'un nom, c'est d'être le patrimoine commun de la famille, le drapeau qui appartient à tous, le signe qui s'étend sur tous : tous les enfants le portent, et ils le transmettent à tous leurs enfants : Or, la qualification, dont M. de Talleyrand-Périgord a été investi, il a seul, je le répète, le droit de le porter de son vivant, et parmi ses enfants, après lui, l'aîné seul aura le droit de la recueillir. — Qu'est-ce donc que cela? —Tout le monde l'a dit avant moi ! C'est un titre, rien qu'un titre, — et dès lors quelle est la conséquence ? — c'est que la loi de germinal an XI n'a aucune place dans le débat ; c'est que votre compétence, Messieurs, disparaît du même coup, car s'il ne s'agit pas d'un nom, on ne peut plus demander compte à M. de Talleyrand-Périgord de ce que, sans attendre un délai qui ne le touchait pas, il s'est attribué le titre dont il était légalement investi. Et ce n'est pas là la seule conséquence : il en est une autre : — c'est que, s'il ne s'agit pas d'un nom, la plainte est dénuée de toute vérité, de celle que je nommais la vérité vraie comme de la vérité légale, ce qui ne veut pas dire que la vérité vraie est en opposition avec la vérité légale, ni avec la vérité officielle ; ce qui veut dire seulement que l'une a une existence distincte de l'autre, et par exemple qu'en dehors de la connaissance officielle qu'on peut avoir d'un décret, il y a la connaissance personnelle qu'on en a eue dès le premier jour, et que les illusions de la lutte peuvent seules vous faire oublier ou méconnaître !

Je dis donc que c'est un titre qui a été donné à M. de Talleyrand-Périgord, et je le dis tout d'abord avec le décret.

Mais ici je rencontre la thèse adverse : — toute cette argumentation, répond-elle, n'est que subterfuge, mensonge, équivoque ! Il y a deux choses dans le décret : un titre, celui de duc; et à côté du titre, un nom, celui de Montmorency : en tant que conférant le titre de duc, le décret est inattaquable ; mais en tant que conférant le nom de Montmorency, il a été rendu en dehors des prescriptions de la loi de germinal an XI, et conséquemment il ne protége point M. de Talleyrand-Périgord.

Je vous réponds : — Vous divisez ce qui est indivisible : vous prenez dans le décret une disposition unique pour la scinder en deux dispositions distinctes. L'équivoque que vous me reprochez, c'est vous qui la commettez, et cette équivoque, je vais la confondre devant les principes les plus certains du Droit Public ancien ou moderne, et devant l'autorité la plus incontestable de toutes, l'autorité de l'histoire.

Pour cela, Messieurs, il faut que vous me permettiez de remonter brièvement à l'origine des noms et des titres. On vous en parlé tout à l'heure plus succinctement qu'il ne fallait. Je conçois que la cause adverse n'ait pas intérêt à jeter une lumière complète sur ces origines ; mais la mienne en a besoin, et vous me pardonnerez si je vous reporte un peu longuement à des souvenirs et des vérités historiques qui vous sont familières. Vous le savez, je plaide avant tout pour vous, — mais un peu aussi devant cet autre tribunal qu'on a singulièrement égaré pour s'en faire un complice, ce tribunal qui s'appelle l'opinion publique. Ah! celui-là n'examine pas toujours les pièces avec le même soin que vous! Il compte quelquefois dans son sein des juges qui décident avant de savoir, quelquefois même qui ne veulent pas savoir avant de décider. Si pour ceux-ci il n'y a rien à faire, pour ceux-là il faut éclairer le débat et remonter à ces origines qui vont l'illuminer d'une lumière éclatante et décisive.

Sous nos deux premières races de rois, on vous l'a dit, il n'y pas de noms patronymiques: à cette époque d'individualisme brutal, on est soi; on n'est que soi; on n'est pas de sa famille, ou du moins aucun signe extérieur ne révèle qu'on se rattache à une famille. On se nomme Hugues, Eudes, Clotaire, Lothaire, Charles ou Karl, et c'est tout. — Toutefois, un usage s'introduit peu à peu dans les familles puissantes, les seules dont s'occupe l'histoire; on donne à son aîné le nom qu'on a soi-même: le fils aîné de Hugues, s'appelle Hugues comme son père, et pour les distinguer, on a recours aux chiffres: Hugues Ier, Hugues II, Hugues III.

A côté de cet usage, en apparaît bientôt un autre: les puissants joignent à leur nom le titre des commandements dont ils sont investis. Ainsi, celui-ci commande la Bourgogne au nom du roi: il joint à son nom de Charles, par exemple, son titre de duc de Bourgogne.

Les titres à ce moment sont essentiellement personnels et précaires; ils dépendent de la volonté et de la volonté absolue du Souverain qui peut les retirer comme il les a concédés, par cela même qu'il peut concéder ou retirer les commandements exclusivement soumis au bon plaisir de son initiative souveraine.

A cette époque certes, il n'y a pas de confusion possible entre le nom et le titre. Le nom est personnel, individuel, en même temps qu'il est indélébile; — le titre, comme le nom, est essentiellement personnel; mais il est précaire, il s'éteint avec le titulaire ou même avec la fonction dont il est le signe.

Au dixième siècle se produisent deux grands faits : — l'un politique, l'autre social. — Le fait politique, c'est l'hérédité des commandements, arrachée par les titulaires à la faiblesse des descendants de Charlemagne. Bien plus, les fiefs, c'est-à-dire les portions de territoire auxquelles la royauté avait préposé un lieutenant de son pouvoir, baron, comte ou duc, deviennent entre leurs mains de véritables propriétés transmissibles de leur vivant par donation ou par vente. Il ne reste de l'ancienne souveraineté de la Couronne qu'un vestige, l'hommage que chaque nouveau venu à la propriété du fief, est obligé de rendre au suzerain.

Le titre suit naturellement le sort du fief, auquel il est attaché; il se transmet comme le fief lui-même. — Il se transmet, et même comme toute propriété, il est susceptible de se diviser : — Au neuvième siècle, un comte de La Marche et de Périgord partage son fief entre ses deux enfants : l'un devient comte de La Marche, l'autre comte de Périgord.

Et ce ne sont pas seulement les transmissions par héritage, ce ne sont pas seulement les aliénations qui conduisent au démembrement partiel des fiefs. On veut se créer des appuis ou récompenser des services : on détache de ce fief, hier simple commandement, aujourd'hui devenu un véritable domaine, telle parcelle qu'il plaît de choisir, et on en investit l'homme de son choix, en lui imposant la vassalité à laquelle on est soi-même assujetti vis-à-vis du monarque; — ainsi se forme cette chaîne puissante, cette hiérarchie turbulente et douteuse qui se nomme féodalité, qui remplira des siècles entiers de guerres et de violences, et qui tiendra en échec la royauté elle-même jusqu'à l'époque où celle-ci s'avisera de prendre son point d'appui sur les communes, pour reconquérir sa prépondérance d'abord, et enfin sa souveraineté.

Voilà le fait politique. — Mais à côté de lui, se produit un autre fait considérable aussi, un fait social : — je veux parler de la formation des noms patronymiques. Il se produit presque aussitôt après le premier et il en semble la conséquence.

En ces temps de violence qu'inaugure la féodalité naissante, l'homme sent le besoin de se créer des appuis et il les demande aux liens du sang : l'individualisme s'efface. Sans doute la famille n'est pas inventée, car elle est née avec le monde ; mais elle se manifeste, elle se groupe autour de son chef, et ce grand fait a sa révélation et son signe dans l'apparition des noms patronymiques.

Chez les humbles, ils se tirent des circonstances les plus insignifiantes : on demeure sur la montagne, — on devient Dumont ; on a sa cabane dans la vallée, — on est Duval ; est-on blond, — on s'appelle Leblond ; roux, — Leroux. Puis, que le caprice du sort et de la nature s'y prête ou non, la désignation paternelle passe à l'enfant. Il s'appellera comme son père, Dumont, alors même qu'il habiterait la vallée ; — Duval, quand même il passerait près de la forêt son existence ignorée. Et l'humble sobriquet se transmet ainsi de générations en générations, et en se perpétuant à travers les âges, il devient cette chose sacrée qui s'appelle notre nom et qui, glorieux ou modeste, est, comme on l'a bien dit tout à l'heure, le plus cher patrimoine que nous recevons de notre père comme un dépôt sacré pour le rendre pur à nos enfants !

Voilà l'humble source du nom chez les humbles. — Chez les puissants, Messieurs, le procédé est le même, seulement la source où ils puisent est différente : ils empruntent pour la plupart leurs noms, non pas aux conditions naïves de leur individualité ou de leur famille, mais aux souvenirs de gloire ou de grandeur dont ils peuvent s'enorgueillir ; — et comme ces souvenirs sont vivants dans ces commandements dont ils ont fait des fiefs héréditaires, ils tirent leurs noms de leurs fiefs, c'est-à-dire de leurs titres. Ainsi, le chef de famille est comte de Périgord, ses enfants s'appelleront l'un Adalbert de Périgord, l'autre Boson de Périgord.

La conséquence, Messieurs, se présente tout de suite à vos esprits : — c'est la confusion du titre et du nom, mais confusion purement apparente et superficielle qui laisse subsister leur indépendance mutuelle dans leurs attributs essentiels, dans les règles de transmissibilité qui les dominent, dans leur manifestation et dans leurs conséquences.

Dans leurs attributs d'abord : — Le nom s'étend sur tous les membres de la famille et sur tous leurs descendants; il est immuable, il est inaccessible à toutes les vicissitudes; on ne l'acquiert pas, on ne l'abdique pas. Pour l'avoir, il suffit de naître; dès qu'on l'a, on le garde jusqu'au tombeau et même par-delà le tombeau, car c'est par lui que se perpétue notre souvenir à travers les âges.

Le titre a des caractères tout opposés. Il est conditionnel, il est personnel, il est précaire, il est nomade.

Il est conditionnel, — car il est assujetti à la condition de foi et hommage; — il est personnel, car il n'appartient qu'au propriétaire du fief. — Il est précaire, car à cette première époque le titre est attaché à la possession du fief, et l'aliénation du fief emporte l'aliénation du titre; et, plus tard, quand la couronne sortie de pages aura fait prévaloir son droit de confiscation, la confiscation du fief emportera confiscation du titre. — Enfin, il est nomade, précisément par ce qu'il se transmet avec la propriété à laquelle il est attaché.

A mesure que les siècles se succèdent, la fragilité des titres devient plus sensible. La royauté ressaisit peu à peu une partie des prérogatives qu'au Xe siècle elle a laissé tomber de sa main débile, — non pas assurément qu'elle arrive à reconquérir la pleine souveraineté de ces fiefs que l'usurpation féodale a détachés de la Couronne, — mais, appuyée sur la force des Communes et sur la puissance des Parlements, elle fait prévaloir son droit de confiscation, sauf à l'appuyer par les armes! Elle fait prévaloir en même temps ce principe que quand le fief passe par donation ou vente, ou même par transmission féminine en des mains étrangères à la famille qui le détenait, le Roi doit intervenir pour confirmer la transmission du fief et du titre.

Le Droit Public pose également en règle que, quand le Roi crée un nouvel apanage, ou qu'il élève une seigneurie préexistante à un degré de dignité supérieure— (par exemple, dans le cas où une baronnie est érigée en duché),— le Droit Public pose en règle, dis-je, que le Roi peut se réserver son droit de retour, soit sur le titre, soit même, à la fois, sur le titre et sur la seigneurie, dans le cas où les descendants mâles venant à faire défaut, l'un et l'autre se trouveraient en présence d'une transmission purement féminine.

Ces simples explications suffisent pour établir la distinction profonde qui existe entre le nom patronymique emprunté au titre et le titre lui-même. Elle éclate dans leurs attributs respectifs, mais elle éclate en même temps dans leur manifestation simultanée. — On est Périgord, comte de Périgord : Périgord de son nom, comte de Périgord de son titre; et pour prendre un exemple plus saisissant dans la cause, — comment l'histoire appelle-t-elle ce Mathieu de Montmorency qui fut vainqueur à Bouvines? Désormeaux l'appelle Mathieu II de Montmorency, sire de Montmorency : le nom est là près du titre, confondus tous deux dans une désignation identique, car l'un s'est emprunté à l'autre, mais distincts par leur signification et par leur nature, à ce point que l'histoire elle-même les enregistre l'un et l'autre.

Et ce n'est pas seulement aux Xe et XIIe siècles qu'elle maintient cette indépendance respective.

Tout à l'heure, mon honorable contradicteur produisait des pièces dont il tirait parti pour établir le droit de ses clients au nom de Montmorency-Luxembourg. — Je ne les connaissais pas et elles m'importent peu, car je n'ai jamais songé à contester le nom de nos nobles adversaires ; — mais en les feuilletant à la hâte, j'y ai trouvé quelques passages qui ont leur intérêt.

Ainsi, on produit un acte de naissance du 12 juin 1714 où je lis que M. Charles-François-Christian de Montmorency a eu pour parrain : « *Très-haut et très-puissant seigneur M. Charles-François-Frédéric de Montmorency-Luxembourg, duc de Luxembourg, de Montmorency, de Piney, pair, premier baron et premier chrétien de France, etc...* »

Le déclarant est Montmorency de son nom, mais il l'est aussi de son titre, et après avoir consigné son nom, il consigne son titre. Il ne se dit pas seulement duc de Montmorency, il se dit de Montmorency, duc de Montmorency.

Voici une autre pièce de 1746. C'est une vente faite à la requête de « *M. Joseph-Maurice amiral de Montmorency-Luxembourg, comte de Montmorency...*

Plus tard, en 1787, un inventaire présente la même particularité : on y voit mentionné « *M. Louis-François-Joseph de Montmorency, prince de Montmorency...* »

Et enfin, dans les pièces plus modernes encore, nous trouvons une sorte de pacte de famille, en date de 1820, dans lequel la famille proclame ceux qu'elle reconnaît comme siens : elle y divise sa brillante couronne en plusieurs fleurons, et chaque branche y donne sa généalogie : — vient d'abord la branche aînée ; et sous quelle dénomination le chef y apparaît-il ? Montmorency, duc de Montmorency : Montmorency par le nom, Montmorency par le titre ; — puis vient la branche cadette, celle des Montmorency-Luxembourg : Montmorency par le nom, Luxembourg par le titre ; — enfin, la troisième branche, les Montmorency, ducs de Châtillon : Montmorency par le nom, Châtillon par le titre.

Et les signatures reflètent dans la même confusion apparente la même distinction essentielle qui maintient entre le nom et le titre une indépendance absolue.

M. LE PRÉSIDENT. — Me Nicolet, votre plaidoirie doit-elle présenter encore quelque développement ?

Me Nicolet. — Oui, monsieur le Président, et il me paraît difficile de la renfermer dans les limites habituelles de l'audience.

M. le président. — A huitaine pour en entendre la suite.

Audience du 13 janvier 1855.

M. le président. — Je recommande de nouveau au public de s'abstenir de toute marque d'approbation ou d'improbation.

Me Nicolet, vous avez la parole pour continuer votre plaidoirie.

Me Nicolet. — Je ne reviendrai pas, Messieurs, même pour les résumer, sur les prolégomènes qui m'ont déjà trop retenu à votre dernière audience : je me contente de remettre en lumière les questions qui se posent dans ce procès, la tâche que j'ai déjà accomplie et celle qu'il me reste à accomplir encore.

Avant d'examiner les questions qui se posent, j'ai recherché les questions qui pouvaient se poser : j'ai examiné la demande dont vous êtes saisis sous les divers points de vue auxquels on pouvait se placer.—J'ai démontré que si le décret impérial avait donné à M. de Talleyrand-Périgord le droit de modifier son nom, ce décret ne serait point justiciable de votre Tribunal, et que les principes du droit public, aussi bien que les dispositions spéciales de la loi de germinal an XI, contraindraient MM. de Montmorency-Luxembourg et consorts à en appeler de l'Empereur à l'Empereur. — J'ai examiné ensuite la seconde hypothèse, à savoir que l'Empereur n'aurait disposé que d'un titre au profit de M. de Talleyrand-Périgord, et j'ai montré que, dans ce cas comme dans le premier, le Tribunal ne pouvait valablement retenir la plainte qui lui a été adressée.

Enfin, au milieu de ces incompétences qui se pressent, qui s'imposent à votre Justice, et que ma cause elle-même, à son grand regret, est obligée de subir, j'ai cherché dans quelle mesure vous pouviez vous saisir du débat, et alors, reprenant la première supposition, supposition radicalement inexacte, j'ai dit que, dans ce cas même MM. de Montmorency-Luxembourg ne pourraient produire dans cette enceinte qu'un seul grief : — l'abus que M. de Talleyrand-Périgord aurait fait du décret en s'en attribuant le profit avant l'expiration du délai prescrit par la loi de germinal an XI.

Tel est, Messieurs, le cercle chétif dans lequel votre compétence peut se mouvoir, mais si chétif qu'il soit, il est précieux encore, car il vous permet, je l'ai dit, d'examiner la portée du décret et de faire justice des confusions et des équivoques sur lesquelles repose toute l'argumentation adverse.

Quelle est la portée du décret? Est-ce un nom qu'il a entendu conférer, est-ce un titre qu'il a entendu attribuer?

Je l'ai d'abord demandé au décret lui-même, et il m'a répondu par l'économie de ses dispositions et par ses termes mêmes, qu'un titre seul a été conféré à M. de Talleyrand-Périgord : seul en effet il le portera de son vivant, comme après lui, l'aîné de ses enfants pourra seul le porter et,—faisant dès lors la distinction fondamentale qui est présente à vos esprits entre le nom patronymique qui s'étend sur tous les membres de la famille et le titre qui est l'attribut d'un seul, —j'ai conclu que, dans l'économie du décret, c'est incontestablement un titre qui a été donné.

Là j'ai rencontré la thèse adverse : elle scinde le décret : elle reconnaît bien que, dans une certaine mesure, il a conféré un titre, celui de Duc, mais elle affirme qu'en même temps il a conféré un nom, celui de Montmorency. En face de cette thèse, j'ai placé la mienne : je me suis proposé de restituer au décret son unité et son indivisibilité, d'établir que « *duc de Montmorency,* » ce n'est pas à la fois un titre et un nom, mais un titre, et un titre seul. Pour accomplir ma tâche, je suis remonté à l'origine des titres et des noms; j'ai montré qu'au Xe siècle, les familles puissantes avaient presque toutes formé leurs noms patronymiques en les empruntant à leurs titres devenus héréditaires : j'ai montré que de cette communauté d'origine naissait une confusion apparente; mais sous cette confusion apparente, je vous ai fait saisir la distinction réelle, profonde, essentielle, qui existe entre ces deux attributs, le titre et le nom, et je vous l'ai fait saisir tout à la fois dans la nature des choses, dans les corollaires naturels qui en découlent, dans les manifestations historiques qui s'y rattachent, et enfin dans les conséquences que nous allons étudier : — m'attachant d'abord à la nature des choses, j'ai rappelé que le nom était indélébile et supérieur à toutes les volontés comme à tous les événements ; qu'on ne pouvait ni le prendre, ni l'abdiquer ; qu'il appartenait à tous les enfants du même père, qui le transmettaient à travers les siècles à toute la descendance de l'auteur commun ; puis dans un contraste saisissant, j'ai rappelé que le titre était conditionnel, personnel, précaire, nomade, suivant, au gré des événements, le fief ou seigneurie auquel il était attaché.

Ainsi, dans la nature des choses, distinction profonde, essentielle, absolue. Nulle part un point de contact : partout différence, indépendance, autonomie !

Cette indépendance respective, je l'ai signalée ensuite dans les manifestations historiques : — et jetant tout d'abord au débat une preuve déjà frappante que j'avais rencontrée dans quelques lignes des lointains récits, j'ai dit comment le chroniqueur qui décrit la bataille de Bouvines et célèbre la gloire du Montmorency qui en fut le héros, l'appelle, non pas sire de Montmorency, mais Mathieu II de Montmorency, sire de Montmorency.

C'est là que j'en étais arrivé à la fin de la dernière audience, et, vous le voyez, ma cause avait bien fait déjà quelque chemin ; mais aujourd'hui vous allez voir se développer, avec un caractère saisissant de vérité, les démonstrations que je vais demander désormais à la logique des conséquences et à l'autorité de l'histoire.

Le titre, je l'ai dit, est précaire et nomade : attaché à la seigneurie, il passe avec elle en des mains étrangères, soit par succession, soit par donation, soit par vente ; en un mot, il suit toutes les vicissitudes qui peuvent affecter une propriété. Or, le cas échéant, qu'arrive-t-il? — Il arrive que celui qui succède à la seigneurie en prend le titre et qu'il le porte en face de la famille qui en avait tiré son nom patronymique, tandis que celle-ci, de son côté, conserve son nom en face du nouveau possesseur du titre lui-même.

Il en est ainsi constamment et journellement : l'histoire est pleine d'exemples, et puisque c'est elle qui discute désormais pour moi, laissez-moi vous produire quelques-uns de ses arguments :

Au treizième siècle, le sire de Bourbon, comte de Nevers, Auxerre, Tonnerre, Bourbon, Étrechy, etc., n'avait pas d'enfants mâles : sa fille aînée était héritière en partie de ses vastes domaines. En 1247, du vivant de son père, elle épouse Eudes de Bourgogne, fils aîné de Hugues IV, duc de Bourgogne.—Vous retrouvez déjà là une nouvelle trace de la confusion apparente et de la distinction réelle que je vous ai signalées : L'enfant est Bourgogne de son nom : il n'est pas duc de Bourgogne ; mais passons ! — Il épouse donc la fille du sire de Bourbon, et après la mort de son beau-père, quand sa femme recueille la seigneurie de Bourbon, il prend le titre de sire de Bourbon. — Sa femme meurt à son tour, ne laissant que des filles, et par suite d'arrangements inutiles à rechercher, le domaine de Bourbon revient à l'une de ses sœurs, Agnès de Bourbon, qui avait épousé Jean II, autre fils d'Hugues IV, duc de Bourgogne : immédiatement, la même conséquence se produit et Jean II devient sire de Bourbon. — Et cependant, au cours de ces vicissitudes diverses, la maison de Bourbon a de nombreux représentants mâles qui, tous, conservent le nom de Bourbon.

Ce qui s'est passé au treizième siècle dans la famille de Bourbon, se passe plus tard dans la maison de Guise et Lorraine. Charles de Lorraine, duc de Guise, épouse Henriette-Catherine, héritière du duché de Joyeuse ; il prend le titre de duc de Joyeuse et le transmet à son fils, — et à ce moment la famille de Joyeuse était représentée par quatre branches qui toutes portaient le nom de Joyeuse, emprunté originairement, comme tant d'autres, au titre de son chef.

Ce qui est arrivé pour la maison de Joyeuse au profit de la maison de Guise arrive bientôt à la maison de Guise au profit de la maison de Bourbon. Le duché de Guise est confisqué en 1641 sur le duc de Guise de la maison de Lorraine. Le roi Louis XIII rend les biens à la mère de l'exilé, mais il éteint le titre qui y était attaché, puis plus tard, en 1704, le titre est relevé par le roi Louis XIV au profit du prince de Condé.

Voilà assez d'exemples, je suppose ! — Et, vous le voyez, je ne me suis pas arrêté au commencement de l'ère féodale : j'ai poursuivi ma démonstration à travers les siècles, et dans tous, vous voyez se manifester clairement l'indépendance du nom et du titre, leur autonomie respective, et les conséquences qui en découlent. — Le même fait se produit au sein de toutes les familles sans exciter une plainte, une réclamation, une surprise, car il n'est que le jeu naturel des deux institutions qui suivent leur existence parallèle.

La consultation a cité un incident historique sur lequel je veux m'arrêter un instant, c'est le procès de la maison de Rohan. Elle me paraît avoir mal choisi son exemple, et elle me permettra d'ajouter, lui renvoyant le reproche qu'elle fait à Brillon, elle me permettra d'ajouter qu'elle l'a mal compris.

Sous Louis XIV, faute de descendant mâle dans la branche aînée, le duché de Rohan était aux mains d'une fille. Elle épousa son cousin Chabot et dans le contrat de mariage elle stipula que son mari et les enfants à naître du mariage prendraient le nom de Rohan-Chabot. En conséquence M. de Chabot se nomma de Rohan-Chabot, duc de Rohan. — Quelques trente ans après, le prince de Guéménée, qui était Rohan, s'en émut, et il appela M. de Rohan-Chabot devant le Parlement : Pourquoi ? Pour lui faire interdire de porter le titre de duc de Rohan ? — Pas le moins du monde ! — mais pour lui faire interdire de s'appeler Rohan-Chabot : — Vous serez Chabot, duc de Rohan, disait-il, mais vous ne serez pas Rohan-Chabot, duc de Rohan !...

Me Berryer. Mais il était propriétaire du duché de Rohan !

Me Nicolet. Soyez patient ! j'entends votre objection et tenez pour certain que je ne la laisserai point derrière moi. — Mais à chaque moment sa tâche ! Je rétablis d'abord les faits qui attestent, même dans l'exemple par vous invoqué, la séparation du titre et du nom confondus dans une même désignation. Tout à l'heure nous verrons si le titre ne pouvait pas exister indépendamment de la seigneurie à laquelle il avait été originairement attaché : —

Je reprends, et je dis que la consultation a singulièrement dévié de la vérité historique. Elle imagine que le prince de Guéménée faisait le procès à Chabot pour l'empêcher de s'appeler duc de Rohan, tandis qu'il ne le lui a fait que pour l'empêcher de s'appeler Rohan, — respectant le titre, mais contestant le nom. — C'est dans ces termes que le débat s'est produit devant le Parlement avec un éclat que lui a gardé l'histoire : Le titre, encore une fois, était hors de conteste, et le prince de Guéménée eût-il triomphé, M. de Chabot ne se serait pas moins appelé duc de Rohan. Certes, on aurait pu juger que le Roi, maître, — comme aujourd'hui l'Empereur en cela, — de la prérogative souveraine, pouvait conférer à M. de Chabot le droit d'ajouter le nom de Rohan à son nom de Chabot ; mais il n'en fut pas besoin. On jugea que la stipulation contractuelle sur laquelle s'appuyait M. de Chabot, remontait à trente annnées, qu'elle n'avait pas été contestée par la famille de Rohan et que le droit était assuré par une sorte de prescription.

Eh bien ! je trouve là une preuve nouvelle de la distinction que je m'attache à établir. — J'y retrouve l'indépendance respective du nom et du titre sous la confusion apparente qui les domine. — J'y retrouve les règles de transmissibilité différentes qui les entraînent l'un et l'autre dans des voies opposées comme leur nature; — et ce souvenir historique, que l'on a jeté au débat, bien loin de servir la cause qui voulait s'en prévaloir, vient prêter à la mienne un éclatant appui.

Voilà donc le droit attesté par l'histoire; mais, maintenant, il faut le dire, le droit avait été singulièrement blessé par l'abus : si l'on avait été fidèle aux origines du nom et du titre, si on avait respecté les règles qui en dominaient l'état et le transmission, si ceux qui portaient le titre détaché d'une autre famille avaient en même temps conservé leur nom d'origine, la confusion apparente que j'indiquais tout à l'heure n'aurais jamais entraîné d'inconvénients sérieux, et chaque famille eût gardé à travers les siècles le signe distinctif de son individualité primitive.

Malheureusement, en France, et de tout temps, il faut le dire, on s'est attaché avec plus d'ardeur à ces titres qui rappellent la grandeur des familles, qu'à ces noms qui en rappellent l'origine.....

J'entends bien ce que murmurent mes éminents contradicteurs, mais je les avertis que ce n'est pas de leur côté qu'il convient d'être sévère pour cette faiblesse.....

Malheureusement donc, disais-je, on s'attachait à son titre et on laissait tomber peu à peu son nom en désuétude et en oubli.

Puis, il arrivait aussi que, quand le titre passait d'une famille dans une autre, après avoir laissé dans la première le nom qui y avait été emprunté, il se produisait dans la nouvelle famille un fait analogue à celui qui avait présidé dans le dixième siècle à la formation des noms patronymiques : les enfants du nouveau titulaire délaissaient peu à peu leur nom d'origine pour emprunter aussi leur nouveau nom au titre dont leur père se trouvait investi. De telle sorte que, à côté de l'ancienne famille qui conservait très-légitimement son nom primitif, la nouvelle, par une usurpation regrettable, prenait le même nom puisé à la même source.

Ces deux abus devaient entraîner et entraînèrent en effet des confusions inextricables : la sagesse de nos rois essaya vainement d'y mettre un terme; vainement un édit de 1555 défendit aux familles nobles de changer de nom; vainement un autre édit de 1629 leur prescrivit de signer de leur nom patronymique, sous peine de nullité des actes; vainement Montaigne, avec ce bon sens qui s'élève à la hauteur du génie, protesta contre un abus qui jetait le trouble dans les relations sociales : rien n'y fit; les mœurs furent plus fortes que les édits eux-mêmes, et la confusion, indifférente à l'origine, parce qu'elle n'était qu'à la surface, pénétra profondément dans les familles et jeta dans les rapports civils des désordres incalculables.

Que s'ensuit-il ? L'abus a-t-il supprimé le droit ? — Non certes ! L'abus s'est développé, mais le droit a subsisté avec sa force imprescriptible. Les noms sont restés les noms, les titres sont restés les titres, chacun avec leur nature, leur caractère, leurs conséquences et leur loi de transmissibilité.

J'ai fait, Messieurs, passer sous vos yeux attentifs quelques-uns de ces exemples saisissants auxquels j'ai demandé la démonstration que je poursuis, mais je n'ai pas encore emprunté à l'histoire le plus décisif de tous, celui qui doit nous toucher plus vivement dans ce procès, — je veux dire l'histoire de la maison de Montmorency : vous me permettrez de vous y arrêter quelques instants ; elle est pleine d'enseignements : — de grands enseignements d'abord, mais aussi de cet enseignement plus modeste, de cet enseignement juridique que ma cause va lui demander.

Je ne remonte pas aux origines de cette grande et noble maison ; il me faudrait remonter jusqu'à celles de notre monarchie, car on disait déjà au neuvième siècle : « Montmorency, premier chrétien de « France, premier baron de France, plus seigneur de Montmorency « que roi en France. » — Je m'incline en passant devant le vainqueur de Bouvines, Mathieu II, sire de Montmorency, qui ajoute à son écusson les douze alérions en signe des douze drapeaux qu'il a pris à l'ennemi, et je vous conduis de suite à un personnage qui jette moins d'éclat dans l'histoire, mais auquel je dois m'arrêter, parce qu'il est l'auteur de toutes les branches dont je vais esquisser l'histoire : c'est, sous Louis XI, Jean II de Montmorency, sire de Montmorency.

Il a été marié deux fois : il a épousé d'abord l'héritière de Nivelle et de Fosseux, et en a eu deux fils; puis en secondes noces une dame d'Orgemont, qui lui a donné un fils du nom de Guillaume. Les deux premiers fils, après la mort de leur mère, s'étaient partagé les domaines maternels : l'un était devenu ainsi seigneur de Nivelle ; l'autre seigneur de Fosseux ; et le premier se trouvait appelé par les règles de transmissibilité ordinaires à recueillir la seigneurie de Montmorency avec le titre qui y était attaché.

Éclate la grande guerre entre Louis XI et le duc de Bourgogne. Le baron de Montmorency reste fidèle à son roi, et il y avait bien quelque mérite à cette époque : ses deux fils aînés, issus du premier mariage, embrassent la cause du Téméraire : le père les cite à comparaître devant le Parlement, et, comme ils font défaut, il prononce contre eux la malédiction publique, les deshérite, et fait passer le droit d'aînesse, c'est-à-dire le droit de recueillir la seigneurie de Montmorency et le titre, sur l'enfant que semblait sacrifier l'ordre de sa naissance, sur Guillaume, l'enfant de sa seconde femme. Cette révolution de famille s'accomplit, d'ailleurs, avec l'agrément du Roi, avec l'intervention de la prérogative souveraine, dont nous trouvons déjà la trace à cette époque, et qui va se développer à mesure que la monarchie sortira de pages.

Voilà donc l'origine des trois branches : la branche de Nivelle, celle de Fosseux et enfin celle de Montmorency qui va devenir la branche des Ducs.

Un siècle après, la première, — la branche de Nivelle, — répandait les dernières gouttes de son sang généreux sur l'échafaud que le duc d'Albe avait fait dresser pour le comte d'Egmont et le comte de Horn, et, par un singulier caprice du sort, il ne reste du nom de Nivelle, à côté de ce souvenir funèbre, qu'un dicton populaire.

La branche de Fosseux, devenue ainsi branche aînée, je la retrouverai tout à l'heure; — mais je la laisse un instant de côté pour m'attacher d'abord à la troisième branche, celle de Guillaume, qui recueillit la seigneurie et le titre de Montmorency, et je vais trouver dans cette troisième branche, — dans ses jours de splendeur comme dans ses jours de désastres, — la plus saisissante manifestation de la vérité que je poursuis.

Quel grand et sombre éclat elle jette dans l'histoire ! — C'est d'abord ce Guillaume lui-même, connétable de Montmorency, qui, ses deux enfants pris avec François Ier à Pavie, est sollicité par le Parlement de revenir à Paris, comme pour y ramener l'image de la monarchie absente!—Après lui, c'est son fils, Anne de Montmorency, le grand connétable au corps et au cœur cuirassés de fer; connétable à vingt-huit ans, après la bataille de la Bicoque, et dont Brantôme disait qu'ayant assisté à cent batailles il y avait toujours été blessé, pris ou tué ; aussi ferme à la cour devant les intrigues que devant l'ennemi sur les champs de bataille, et qui mérita que la baronnie de Montmorency fût érigée en duché.

Cette érection eut lieu en 1551, par lettres-patentes de Henry II. Il faut nous arrêter un instant à ces lettres, et en signaler quelques lignes qui auront leur intérêt plus tard, précisément pour la question à laquelle on m'appelait prématurément tout à l'heure.

« HENRY, par la grâce de Dieu, roy de France,...

« ...... Sçavoir faisons, que nous ayant regard à ce que la baronnie de « Montmorency est la première baronnie de France, *estant de bon et gros* « *revenu*, et dont tenus et mouvans grand nombre de beaux fiefs et ar- « rière-fiefs, aucuns desquels sont tenus et possédez par nostredit cou- « sin, ainsi que nous avons bien voulu sçavoir de lui, et davantage il a « auprès et joignant dudit Montmorency les chastel, terre et seigneurie « d'Escouen, sous le ressort de notre prévosté de Paris, et plus avant il a « encore les chastellenies, terres et seigneuries de Chantilly, Montespil- « louet, Champversi, Courteil, Vaux-lez-Creil, Tillays, le Plessis et la Vil- « leneuve, tenus et mouvans de nous sous le ressort de nostre bailliage « de Senlis; en lesquels lieux d'Escouen et de Chantilly, il y a deux des « plus belles maisons et aussi excellemment basties que nulles autres de « nostre royaume; et pour autant que la baronnie avec lesdits fiefs et ar- « rière-fiefs qui en dépendent et sont possédés par nostredit cousin, et « aussi lesdites terres et seigneuries d'Escouen, Montespillouet, Champ- « versi, Courteil, Vaux-lez-Creil, Tillays, le Plessy et la Villeneuve, leurs « appartenances et dépendances, joint et uni que le tout soit ensemble « l'on peut tirer, ainsi que nous sommes deuement avertis, *un revenu* « *annuel qui est suffisant et capable de recevoir, maintenir et entretenir les* « *noms, titres et dignitez de duché*. Pour ces causes et autres considéra- « tions de nous touchées et déclarées par advis et délibération d'aucuns « princes et seigneurs de notre sang et lignage, et autres notables person-

« nages de nostre conseil estant lez-nous, avons par ces présentes joint, « uni et incorporé, et de nos propres mouvements, certaine science, grâce « et libéralité spécialle, pleine puissance et autorité royalle, joignons, « unissons et incorporons lesdites terres et seigneuries d'Escouen, Chantilly, « Montespillouet, Champversi et autres dessus nommées, leurs dites ap- « partenances et dépendances, et laquelle baronnie, avec les fiefs et ar- « rière-fiefs qu'en tient et possède nostredit cousin, estant ainsi ré- « duite et augmentée par le moyen desdites adjonction, union et in- « corporation, avons créé et érigeons en titre, nom, dignité, et pré- « minence de duché et pairie de France ; voulons et no s plaist « lesdites baronnie, terres et seigneuries estre dorénavant dites et « appelées duché et pairie, pour en jouir et user par nostredit cousin « Anne de Montmorency, et après son déceds par ses hoirs et suc- « cesseurs masles, sieurs dudit Montmorency, à toujours perpétuelle- « ment *en titre de duc et pair de France*, *avec les honneurs et préro-* « *gatives, prééminences et appartenances à duc et pair de France*, et tout « ainsi que les autres ducs et pairs en jouissent et usent, tant en jus- « tice, séance et juridiction qu'autrement, et sous le ressort de nostre « Cour de Parlement à Paris, et laquelle baronnie, terres et seigneuries « unies et incorporées à icelles, nous avons distraites, eximées et exemp- « tées, distrayons, eximons et exemptons de tous nos autres juges, en « tous cas, hors et excepté les cas royaux, dont la connaissance appar- « tiendra à nos juges par devant lesquels ils avaient accoustumé de res- « sortir auparavant cette présente érection : *voulons notredit cousin et ses* « *successeurs masles sieurs de Montmorency y être dits*, *nommez*, *censez et* « *réputez ducs de Montmorency*, *pairs de France ;* et que ladite baronnie « avec lesdites terres et seigneuries y jointes et incorporées, ils tiennent « en titre de duché et pairie, à foy et hommage de nous; de laquelle pairie « nostredit cousin nous a fait, dès à présent, ainsi qu'il est accoustumé, « le serment de fidélité, auquel l'avons reçeu, à la charge toutesfois qu'au « deffaut d'hoirs masles ladite dignité de pairie demeurera esteinte et sup- « primée, et retournera la juridiction en son premier estat, tout ainsi que « si ladite érection de pairie n'avait esté faite, et néanmoins ladite baronnie « de Montmorency, avec lesdites terres et seigneuries jointes à icelle de- « meurera audit titre et dignité de duché, pour estre héritage des enfants « et héritiers de nostredit cousin, masles ou femelles, ou des ayant causes « d'iceux. . . . .

« Donné à Nantes, au mois de juillet, l'an de grâce mil cinq cent cin- « quante-un, et de notre règne le cinquième. »

Vous voyez, Messieurs, dans quelles conditions la baronnie de Montmorency est érigée en duché, et comment, à raison de la faculté de transmission féminine qui était réservée, le prince de Beauffremont a pu invoquer la reversibilité du titre à son profit. — Mais ce n'est pas la seule réflexion qu'il faut tirer de cette lecture.

Je vous ai fait remarquer, en passant, ces indications relatives aux gros revenus de la seigneurie et à la facilité qu'y trouvera ainsi le possesseur pour maintenir dans la splendeur désirable le nouveau titre qui y est attaché. — C'est là une observation dont nous retrouverons plus tard la portée : je me borne à la signaler, et je la confirme par la lecture d'autres lettres-patentes qui furent données quelque temps après.

Quelque temps après effectivement, le roi avisa que parmi ces divers domaines incorporés au duché, il en était un, le domaine d'Écouen, qui ressortait en fief et condition de vassalité du chapitre de Saint-Denis : il jugea que cette circonstance était, en quelque sorte, attentatoire à la dignité d'un duché, qui ne doit relever directement que de la Couronne et n'entraîner hommage qu'envers le Roi. En conséquence, il détacha, par nouvelles lettres-patentes, la seigneurie d'Écouen du duché de Montmorency, et voici en quels termes :

« . . . . . depuis ayant été avertis que la terre et seigneurie d'Escouën « est tenue et mouvante en fief des religieux, abbé et couvent de Saint-« Denys, en France, auquel ne devons et ne voulons faire perdre leur te-« neur et devoir féodal; et d'ailleurs serait chose indescente, que la terre « et seigneurie d'Escouën estant unie au duché et pairie de Montmorency, « fust tenue en foy d'autres que de nous.

« Pour ces causes et autres à ce nous mouvans, et aussi estant bien « accertenez, que du duché de Montmorency, ainsi qu'il se comporte, et « des chastellenies, terres et seigneuries de Chantilly, Montespillouet, « Champversy, Courtel, Vaux-lez-Creil, Taillais, le Plessis et la Ville-« neuve, leurs appartenances soient jointes, unies et incorporées audit « duché et pairie, et sans y comprendre la seigneurie d'Escouën, *on peut* « *tirer un revenu annuel suffisant et capable pour entretenir le nom et* « *dignité de duché et pairie*, et qu'audit lieu de Chantilly y a maison, qui

« est une des plus belles et des mieux accompagnées de nostre royaume,
« avons par l'advis et délibération de plusieurs princes de notre sang et
« lignage, et autres bons personnages de nostre conseil, estant lez nous
« disjoint, désuni et désincorporé, et de notre propre mouvement, cer-
« taine science, pleine puissance et autorité royale, disjoignons, désunis-
« sons et désincorporons les chastel, terre et seigneurie d'Escouën, des
« duché et pairie de Montmorency, et d'iceluy chastel, terre et seigneurie
« d'Escouën, avons quitté et quittons les foy et hommage qui en avions
« retenu à nous, et icelles foy et hommage avons remis et remettons aux
« religieux, abbé et couvent de Saint-Denys en France. . . . . »

Retenez bien, Messieurs, la pensée des lettres-patentes : L'éclat du nouveau titre de duc est capable d'être soutenu par le revenu des terres auxquelles il est attaché... je me trompe... qui y sont attachées, car vous verrez tout à l'heure la transformation qui, dès cette époque, s'accomplit dans le Droit Public, — et que si autrefois le titre était attaché à la seigneurie, c'est la seigneurie qui est désormais attachée au titre, pour n'en plus demeurer que la dépendance et le corollaire.

Dans ces lettres-patentes, vous voyez déjà apparaître cette vérité nouvelle : la royauté a fait un grand pas depuis le temps où les fiefs devenus héréditaires étaient la base du système féodal. Alors la propriété était tout, et tout découlait d'elle : — maintenant la prérogative royale a fait ses premières conquêtes et tout à l'heure elle va tout absorber.

Mais poursuivons l'histoire : — Après le connétable Anne, premier duc de Montmorency, Henry Ier, connétable comme son père et son grand père ; c'est lui qui fit reconnaître par Henri IV son droit de préséance sur les ducs de Joyeuse et d'Épernon. — Puis son fils, l'infortuné Henri II de Montmorency, duc de Montmorency, maréchal, gouverneur de Languedoc, auquel se rattache le funèbre souvenir qui doit m'arrêter à son tour, — car je l'ai dit, ma démonstration éclate, non pas seulement dans les jours glorieux, mais aussi dans les jours lugubres de cette illustre famille !

Vous savez comment le maréchal duc de Montmorency entra en lutte avec ce rude jouteur qui s'appelait Richelieu ; il crut en Gaston d'Orléans, il crut en lui-même : il ne pensait pas qu'un Montmorency pût tomber, et il se disait comme Guise : « Ils n'oseraient ! » Blessé et pris, à la bataille de Castelnaudary, il fut traduit devant le Parlement de Toulouse.

Traduit, comment ? — Duc de Montmorency et pair de France ? — Non ! Des lettres de déclaration royale étaient intervenues qui lui avaient arraché son titre et sa pairie.

Voici ce qu'elles portaient :

« Louis, par la grâce de Dieu. . . . .

« . . . . . A ces causes, de l'advis de nostre conseil, où estoyent au-« cuns princes, officiers de nostre couronne et aultres grands et notables « seigneurs, nous avons, par ces présentes signées de nostre main et de « nostre pleine puissance et auctorité royalle, dict et déclaré, disons et « déclarons . . . .

« le duc de Montmorency, maréchal de France, gouverneur et nostre « lieutenant général au Languedoc, criminel de lèse-majesté, *descheu de « tous grades, dignitez et honneurs*, la duché de Montmorency esteinte et « réunie à nostre couronne, et toutes et chacune les autres terres, sei-« gneuries et biens mobiliaires et immobiliaires, à nous acquises, confis-« quées. Voulons que son procès luy soit faict et parfaict, selon la rigueur « de nos ordonnances et déclaration, à la diligence de nostre procureur-« général, en nostre cour de parlement de Tholouze, à laquelle, en tant « que besoin serait, nous en avons attribué toute cour, juridiction et cog-« noissance, et icelle interdite à toutes autres, *nonobstant le privilége des « pairs ou aultres que l'on pourrait alléguer, dont nous l'avons déclaré « indigne et descheu*. . . . .

« Donné à Cosne, le vingt-troisième jour d'aoust, l'an de grâce 1632, « et de nostre règne, le vingt-troisième. »

Ainsi, le voilà déchu de sa dignité de pair ! Le voilà déchu de son titre ! Et, qui paraît devant le parlement de Toulouse ? — le duc de Montmorency ? — Non, voici l'arrêt : je ne citerai que cette ligne :

« A la requête du Procureur-général du Roy contre *Messire Henry de Montmorency*. . . . . »

Ah ! il est toujours de Montmorency, et il n'y a pas de puissance au monde qui puisse le faire déchoir de son nom : qu'il soit environné de toute sa puissance : qu'il soit traître à son roi, livré au cachot des criminels et attendu par l'échafaud, il est toujours Henry de Montmorency : mais il n'est plus duc de Montmorency ! c'est Henry de Montmorency seul qui paraît devant le Parlement de Toulouse : et quand sa tête tombera, la hache du bourreau aura frappé non pas le duc de Montmorency, — mais Henry de Montmorency !

Eh bien ! la différence, l'indépendance respective du nom et du titre est-elle assez éclatante dans ce jour fatal ? — Les voyez-vous, le nom survivant indélébile aux vicissitudes extrêmes, — et le titre précaire tombant sous le coup de la prérogative royale, comme il en est sorti ! Eh bien ! suivons-le et voyons apparaître une fois encore, au lendemain de ce jour lugubre, cette vérité que nul ne peut déjà plus méconnaître.

Le duché est confisqué, le titre éteint ; — éteint comme il l'était il y a un an, après la mort du dernier duc de Montmorency. Des Montmorency, il en reste un grand nombre : il y a les Montmorency-Fosseux que j'ai réservés ; les Montmorency-Bouteville, que je vais rencontrer tout à l'heure ; mais il n'y a plus de duc de Montmorency ; le nom demeure, mais le titre a péri, ou plutôt il a fait retour à la Couronne, car les titres ne périssent pas, ils reviennent à leur source.

Qu'arrive-t-il ? — Il y avait alors auprès du roi Louis XIII un prince de la famille royale, Henry de Bourbon, prince de Condé, premier prince du sang. Il n'avait pas d'illustration personnelle et il n'est guère connu dans l'histoire que comme le père du grand Condé ; mais il avait un grand mérite aux yeux de Richelieu, celui de s'incliner devant la royauté du premier ministre, et Richelieu, qui s'était senti assez puissant pour punir un Montmorency, pouvait se croire assez grand pour récompenser un Bourbon.

Voici ce qui se passa :

Le prince de Condé avait épousé — (remarquez ceci) — la plus jeune des trois sœurs de Henry de Montmorency. Le roi la choisit pour lui rendre les domaines dépendant du duché confisqué par les lettres-patentes de 1632. Il les lui rendit, et en même temps qu'il gratifia ainsi, non pas même la jeune princesse de Condé personnellement, mais le prince et la princesse de Condé, il releva le titre de duc de Montmorency... en faveur de qui? — En faveur du prince de Condé lui-même.

Lisons, Messieurs, les lettres-patentes :

« LOUIS, par la grâce de Dieu, ...

« . . . Sçavoir faisons que nous pour ces causes et autres bonnes considérations à ce nous mouvans, avons par ces présentes signées de « nostre main et de nostre grâce spéciale, pleine puissance et autorité « royalle, icelle et seigneurie de Montmorency, avec les terres unies et « incorporées à icelle, circonstances et dépendances quelconques, à la « réserve néanmoins de la terre, seigneurie et justice de Chantilly, Vineuil, « Saint-Frémin, Aspremont, Pontarmé, Montpillois, Saint-Nicolas et « autres dépendances de ladite terre de Chantilly, si aucuns y a, non « comprises au don et remise par nous faite, de nouveau crée et érigé, « créons et érigeons en titre, qualité, dignité et prééminence de duché « et Pairie de France pour en jouir et user par nosdits cousin et cousine « les prince et princesse de Condé, et après leur décès, par leurs hoirs et « successeurs masles et femelles seigneurs dudit Montmorency à toujours « perpétuellement *en titre de ducs et pairs de France;* et tout ainsi que les « autres Pairs en jouissant tant en justice, scéance, juridiction qu'autrement sous le ressort de nostre parlement de Paris, ainsi et selon que les « ducs de Montmorency, en jouissoient avant l'arrest du 30 octobre dernier passé, extinction et suppression d'icelui duché et Pairie, et laquelle « terre et seigneurie de Montmorency, circonstances et dépendances telles « que dessus, nous avons distraites et exceptées de tous autres juges en « tous cas, fors et excepté des cas royaux, comme il estoit avant ledit « arrest. Voulons et nous plaist nosdits cousin et cousine et leurs successeurs masles et femelles seigneurs desdits lieux, *estre dits et nommez* « *ducs de Montmorency et Pairs de France*. . . . . »

Donné à Paris au mois de mars l'an de grâce 1633 et de nostre règne le vingt-troisième.

Voilà donc, Messieurs, les biens du duché rendus en partie, et le titre relevé au profit du prince de Condé. Je dis rendus en partie, car vous venez de voir que le domaine de Chantilly avait été conservé par la couronne. Ce n'est que plus tard que la Régente en gratifia le vainqueur de Lens et de Rocroy, et c'est seulement alors que ces jets d'eau, « qui ne se taisaient ni jour, ni nuit », murmurèrent la gloire des Condés, après avoir murmuré si longtemps la gloire des Montmorency.

Le titre est donc relevé, et au profit de qui? — Au profit d'un étranger! Ah! ce n'est pas cette fois le petit-fils du dernier duc! Non, c'est un nouveau venu qui, de près ni de loin, n'appartient à la famille; c'est un étranger celui-là! Il n'a pas dans les veines une goutte du sang des Montmorency et il est duc de Montmorency, en face de tous les Montmorency qui portent le nom, en face des Fosseux, qui sont Montmorency, en face des Bouteville, qui sont Montmorency! —

S'élève-t-il une plainte, une protestation? Crie-t-on à l'abus de la prérogative royale? Dit-on qu'il y a usurpation? Montrez-moi donc la trace d'une réclamation, d'une émotion quelconque! — Elles ont eu cependant, avouez-le, le temps de se produire, car la maison de Bourbon a conservé le titre de duc de Montmorency pendant soixante ans! il a passé du prince qui en a été doté à son fils le grand Condé, puis au fils du grand Condé.

Messieurs, dans la consultation à laquelle j'ai déjà fait quelques emprunts, et qui a procédé plus d'une fois, on me permettra de le dire, avec une étrange légèreté, je trouve quelques lignes qu'il faut citer encore : — Ah! je le comprends, les adversaires ont dû être quelque peu émus de cette page d'histoire, et quand ils viennent soutenir que *duc de Montmorency* est à la fois titre et nom, ils doivent éprouver quelque embarras pour expliquer comment le prince de Bourbon, qui n'était pas un Montmorency, a pu porter le titre de duc de Montmorency; — eh bien! voici comment ils s'en tirent :

« . . . . . Deux remarques intéressantes ressortent de l'examen des « lettres-patentes de 1689. . . . . »

Je vais en parler tout à l'heure; je dirai comment le titre a fait retour à la famille de Montmorency.......

« La première, c'est que pour changer le nom du duché, il faut changer « le nom de la ville qui en est la capitale, ce qui prouve bien que le nom « seigneurial était attaché à la terre, et non au titre; la seconde, c'est que « ce changement de dénomination a pour unique but de rendre aux Mont- « morency une qualification dont le prince de Condé, *quoique légalement* « *investi, ne semblait pas se considérer comme propriétaire vraiment* « *légitime.* »

Vraiment, j'admire avec quelle dextérité on habille l'histoire au gré de ses passions ou de sa cause ! Comment? le prince de Condé, quoique légalement investi (c'est déjà un aveu assez précieux) ne se croyait pas légitime propriétaire du titre de duc de Montmorency? Qui vous a appris cela? — Il l'a porté comme son père l'avait porté avant lui, comme son fils après lui l'a porté encore, et cela pendant soixante ans! N'est-il pas plaisant de voir, à travers les siècles, affubler le grand Condé de ces délicatesses rétrospectives? Il l'a porté, vous dis-je, et dans l'énumération de ses titres, le titre de duc de Montmorency figure comme les autres.—Il ne s'en croyait pas légitime propriétaire? — Mais pourquoi l'a-t-il accepté? De telles distinctions ne s'imposent pas, que je sache, et certes je serai plus, sinon dans la vérité historique qui ne peut plus répondre, au moins dans la vraisemblance historique et humaine qui répond toujours, en affirmant que si le prince de Condé a obtenu avec la restitution des biens la collation du titre, c'est qu'il l'a demandée. — Il l'a reçu dans tous les cas, ce titre; reçu et porté tout couvert du sang de son beau-frère! Il était cependant d'assez bonne maison, et vous pourriez lui dire, à lui aussi, sur le ton aimable de la consultation, qu'il portait un de ces noms qu'on ne devrait désirer ni modifier ni allonger. Eh bien ! le prince de Condé n'a pas dédaigné d'ajouter à son nom de Bourbon le titre de duc de Montmorency, et ce précédent excuse un peu, il faut en convenir, ce jeune Talleyrand-Périgord, d'avoir pensé que son nom, qui lui reste toujours cher, ne perdrait rien non plus en un tel voisinage!

Et maintenant, Messieurs, comment le titre a t-il quitté la maison de Condé et fait retour à la maison de Montmorency? — Ah! voilà ce qu'il faut raconter encore, parce que nous allons rencontrer dans cette nouvelle phase une nouvelle démonstration.

Pendant que la branche des ducs tenait le monde attentif au spectacle de ses grandeurs et de ses désastres, la branche de Fosseux poursuivait sa carrière moins retentissante, mais digne encore de la noble maison. En 1552, elle avait vu se détacher d'elle, en la personne d'un cadet, le rameau des comtes de Bouteville, Montmorency par le nom, comtes de Bouteville par le titre. Le premier comte de Bouteville avait eu un petit-fils qui vivait sous Louis XIII, fameux duelliste, se jouant de sa vie et de celle des autres; il imagina de se battre un jour en plein midi sur la place Royale, au mépris des édits royaux. Richelieu le fit prendre, juger et décapiter : — il s'essayait la main.

Ce comte de Bouteville avait un fils, dont il ne vit point le berceau : ce fut ce bossu de génie que l'histoire a nommé le maréchal de Luxembourg, et que la reconnaissance populaire a doté d'un sobriquet non moins brillant, celui de *Tapissier de Notre-Dame*.

Il était lui aussi Montmorency de nom, Bouteville de titre : comment devint-il duc de Luxembourg? — C'est ce qu'il faut dire. En 1660, si mes souvenirs sont présents, il épousa une Clermont, héritière du duché de Piney et Luxembourg; avec l'agrément de la prérogative royale — irrésistiblement établie déjà en principe de Droit Public, — avec l'agrément de la prérogative royale et par lettres-patentes, il prit le titre que lui apportait sa femme et se nomma duc de Piney et de Luxembourg. C'est ce dernier titre que l'histoire a spécialement attaché à son souvenir, et c'est ainsi qu'elle l'appelle maréchal duc de Luxembourg.

Remarquez ceci, Messieurs : il était Montmorency : il était duc : mais il n'était pas duc de Montmorency! Il eut l'ambition de le devenir..... Et voyez comme, ici encore, la distinction, l'indépendance, l'autonomie de ces deux choses éclate! Montmorency de nom, duc de titre, mais non pas duc de Montmorency, qui est un titre. On ne disait pas alors ce que l'on dit si lestement aujourd'hui : un titre, duc! un nom, Montmorency! — Non pas! S'il en avait été ainsi, le maréchal de Luxembourg se serait appelé, sans le secours de personne, duc de Montmorency.

Il veut donc devenir duc de Montmorency : que fait-il? - Il s'adresse au prince de Condé; il ne lui fait pas un procès. Il ne l'amène pas devant la grand'chambre du Parlement, ni même devant la Tournelle; il ne lui jette pas les aménités que l'on nous a jetées; il ne lui dit pas : —Vous reniez vos ancêtres; vous êtes un usurpateur et un voleur de nom par la grâce des rois : — non! Il réveille en lui leurs vieux souvenirs de gloire; il lui rappelle qu'ils avaient combattu l'un près de l'autre, en frères d'armes. Il lui dit, — (était-ce encore une faiblesse?) — il lui dit : Je voudrais être duc de Montmorency; ce titre, qui est vôtre, était autrefois dans ma famille; je voudrais qu'il y rentrât! Une négociation s'engage entre eux, et voici la combinaison qui en sort : le duc de Luxembourg achète, moyennant 400,000 livres, le duché de Beaufort en Lorraine, duché créé par Henri IV au profit de son bâtard César de Vendôme, et dit au prince de Condé : — Le duché de Beaufort prendra le nom de duché de Montmorency. — Soit! répond le prince de Condé, mais à une condition : c'est que le duché de Montmorency se nommera duché d'Enghien. Eux accordés, ce n'était pas tout; il fallait, comme toujours, que la prérogative souveraine vînt prendre place dans leur accord. Elle intervint en effet et le ratifia. — Seulement, si j'en crois l'histoire, Condé qui s'estimait si peu légitime propriétaire de son titre, Condé qui n'abandonnait pas une parcelle de ses domaines, Condé qui devait se voir, sans trop de chagrin, réduit à son nom et aux titres éclatants qui l'escortaient encore, Condé reçut de son frère d'armes une soulte assez respectable en échange du titre qu'il consentait à abandonner.

Voilà, Messieurs, comment le titre de duc de Montmorency a fait retour à la maison de Montmorency, représentée cette fois par une branche cadette de la branche aînée. Et voulez-vous savoir la fin de ces vicissitudes, j'allais dire.... oui, permettez-moi cette locution familière, de tous ces voyages?

Franchissons un siècle; arrivons à 1767. Le duché de Montmorency, c'est-à-dire le duché de Beaufort est aux mains d'une fille, comme le duché de Luxembourg en 1660. Cette fille, Anne-Charlotte de Montmorency, duchesse de Montmorency — (vous vous rappelez que le duché était femelle), — épousa son cousin Montmorency de Fosseux, chef du nom et des armes de la branche aînée, et la prérogative souveraine, qui ne sommeille jamais, intervint une fois de plus pour confirmer aux mains du marquis de Fosseux la transmission du titre de duc de Montmorency.

Voilà l'histoire, Messieurs! et comme j'ai bien fait de lui céder la parole! Vous montre-t-elle assez, entre le nom et le titre, cette distinction essentielle et profonde que domine leur confusion apparente? Montre-t-elle assez le nom immuable, supérieur à toutes les volontés comme à tous les événements, se perpétuant à travers les siècles pour s'étendre sur toute la descendance de la maison;—et le titre, personnel, précaire, soumis à toutes les vicissitudes, donné aujourd'hui, confisqué demain, relevé plus tard, et nomade à ce point que, dans l'espace de trois siècles, il a cinq fois changé de maison! Sous Louis XI, il passe de la tête de l'aîné sur la tête du puîné; sous Louis XIII, il tombe, des mains qui le portent, entre des mains étrangères; sous Louis XIV, il revient à la branche cadette des Montmorency-Bouteville, pour faire retour, sous Louis XV, à la branche aînée, qui depuis trois siècles en était déshéritée!

Et combien d'autres exemples ne pourrais-je point placer à côté de cet illustre exemple! — Le chef de la maison de Lorraine est devenu duc d'Aumale, puis duc d'Harcourt, alors que des d'Aumale et des d'Harcourt continuaient à porter leur nom.

En 1783 — (me voilà bien près du droit moderne), — le titre de duc de Caylus vient à s'éteindre; il est relevé au profit d'un sieur de

Lignerac, qui devient duc de Caylus. Il y a cependant des Caylus qui vivent, qui portent le nom et qui représentent l'ancienne famille. Le dernier rejeton n'est mort qu'en 1845.

Je ne conclus pas, Messieurs, car vous avez déjà conclu vous-mêmes! vous avez fait justice de cette équivoque qui défraie la cause adverse et qui, propagée à profusion, partout répandue, a excité une émotion, je ne dirai pas factice, mais assurément égarée. — La base de ma démonstration, c'est-à-dire l'indépendance, l'autonomie respective du nom et du titre sous leur apparente confusion, est désormais établie d'une manière tellement ferme qu'elle peut défier toute attaque.

Il faut maintenant aborder cette objection à laquelle Me Berryer m'appelait tout à l'heure. Obligé de s'incliner devant les leçons de l'histoire et de subir ses enseignements, on veut se réfugier dans les distinctions et on me dit : — « Oui, votre thèse peut être vraie sous le Droit Public de notre ancienne monarchie; nous pouvons reconnaître que le titre était indépendant du nom, mais alors il était attaché à une seigneurie; il avait le caractère de la réalité; il était le signe de la propriété, il en était inséparable; et par cela même, ses vicissitudes n'étaient que les vicissitudes de la propriété elle-même.— Aujourd'hui, au contraire, il n'y a plus de seigneuries : il n'y a plus de duchés : les anciens titres qui s'y rattachaient ont donc perdu leur assiette et ils ne peuvent plus survivre dans leur individualité. On est encore duc, mais on n'est plus duc que de son nom! »

Voilà bien l'objection dans toute sa force, et je ne crois pas l'avoir affaiblie. — Eh bien! Si vous étiez dans le vrai, vous auriez à compter avec bien des gens! Que deviendraient toutes ces maisons de France qui, à côté de leur nom, portent des titres de seigneuries? — Par exemple la maison de Noailles avec son titre de duc d'Ayen? la maison de Grammont, où l'aîné des enfants porte le titre de duc de Guiche, et le second fils celui de duc de Lespare? la maison de Luynes, où alternativement on est duc de Luyneset duc de Chevreuse ? Ces seuls exemples suffisent pour attester que les titres de seigneurie ont gardé de nos jours, à côté des noms, leur existence et leur individualité, et Merlin nous le dira tout à l'heure.

Je dis de plus, que votre théorie est erronée à la date où vous la posez. Ah ! si vous vous placiez à l'origine de la féodalité, vous auriez raison ; si vous considériez les titres au moment où ils ont pris naissance comme signe des conquêtes arrachées à la faiblesse de la royauté, vous auriez raison ! On était duc de Bretagne, parce qu'on avait consolidé en sa personne le commandement ou plutôt la propriété du duché de Bretagne : — on était baron de Montmorency du même droit : le titre était la manifestation de la propriété et la suivait dès lors en quelques mains qui vinssent à la recueillir : — c'est évident !

Mais, ce qui était vrai dans ces premiers temps n'est pas resté vrai ; les choses, avec le temps, ont subi cette transformation que j'ai indiquée et qu'il est bien intéressant de suivre dans l'histoire. La royauté a tracé sa voie : elle y est entrée timidement d'abord, plus fermement ensuite, pour arriver enfin, et glorieusement, à son but. Le Droit Féodal s'est peu à peu dissous sous l'action absorbante de la royauté, et il a fait place au Droit Monarchique dont Richelieu a été la terrible manifestation et Louis XIV l'éblouissant emblême.

La royauté a donc substitué au Droit Public du dixième et du onzième siècle un Droit Public nouveau : c'est désormais d'elle que toute grâce et toute puissance découlent. Il ne suffit plus pour devenir duc de devenir propriétaire d'un duché, il faut l'intervention de la prérogative royale qui autorise la transmission et confirme le titre ou le retient. — La terre n'est donc plus dépositaire occulte et souveraine des titres de noblesse. La source en est ailleurs, dans le pouvoir royal, et dès ce moment ce n'est plus le titre qui est l'accessoire de la seigneurie, c'est la seigneurie qui devient l'accessoire du titre pour en soutenir l'éclat. Vous l'avez déjà vu dans les lettres-patentes de 1551 ; quand le roi érige en duché-pairie la baronnie de Montmorency, il relève cette circonstance que le domaine est *d'un revenu suffisant pour entretenir la dignité de duc et pair*. Mais écoutons ce que dit d'Aguesseau un siècle plus tard :

« Si l'on examine d'abord ce que c'est qu'un pair de France, dans l'origine et dans les véritables idées de cette qualification, on trouvera que trois choses différentes entrent dans cette définition :

« 1° La fonction, l'office, ou, pour se servir d'un terme encore plus général, les droits personnels qui sont attachés au titre de pair de France;

« 2° Le fief de haute dignité, auquel le nom et les prérogatives de la pairie ont été attachés, comme à leur sujet sensible et matériel ;

« 3° Les noms de pair et de pairie, que l'on donne au seigneur qui est revêtu de ce titre éminent, et à la terre qu'il possède.

« . . . .

« Si nous passons, des fonctions et de la dignité, au fief et à la terre, qui est la seconde partie de la pairie, il sera facile d'y observer le même progrès, et sans vouloir s'étendre ici sur l'origine des fiefs, il est certain que, si on les considère dans la personne des ducs et des comtes, ils consistaient dans un simple usufruit qui leur tenait lieu d'appointements ou de récompense.

« De là cette maxime introduite plutôt pour les bénéfices profanes que pour les bénéfices ecclésiastiques, *beneficium datur propter officium* (le bénéfice était l'accessoire de l'office); l'un était le service que l'officier rendait à l'État; l'autre le salaire et la récompense que l'État accordait à l'officier ; et l'on n'avait pas encore confondu, dans l'Église et dans l'État, les idées justes et naturelles des choses, en regardant l'office comme l'accessoire, et le bénéfice comme le principal.

« Comme la durée du bénéfice était attachée à celle de l'office, les mêmes causes qui ont changé la nature des offices des ducs et des comtes, ont aussi changé celle des bénéfices et des fiefs, en les rendant héréditaires et patrimoniaux ; et c'est ainsi que s'est formé cet assemblage nouveau de fief et d'office, qui a composé ce que nous appelons depuis une pairie.

« . . . .

« Il n'y a rien de plus aisé que d'expliquer cette clause, par la distinction qu'on a déjà faite entre les droits personnels et les droits réels, c'est-à-dire entre la dignité de la personne et la mouvance de la terre.

« Ces droits n'ont rien de commun, ni d'inséparable; les droits per-

« sonnels, les prérogatives d'honneur et de dignité attachées aux mâles « de la famille royale que le roi appelle aux fonctions des pairs de France, « s'éteignent avec eux ; mais les droits réels, tels que la mouvance de la « terre, peuvent survivre, et survivent, en effet, à l'extinction de la pairie.

M. de Sémainville, qui s'est occupé de ces matières, dit :

« Il y avait des fiefs avec glèbe, territoriaux, réels, ainsi appelés du « mot *res* (bien), corporels ; et des fiefs sans glèbe, personnels, incorpo- « rels, de pur honneur.

« Les premiers étaient à la fois les terres et les titres ; prérogatives, « honneurs, dignités et droits nobiliaires y annexés à droit héréditaire « moyennant la foi, l'hommage et le service militaire ; c'étaient de véri- « tables immeubles corporels.

« Les seconds étaient des dignités, des titres nus et des honneurs don- « nés en fief, *sine tenemento*, et simplement attachés à la personne des « membres d'une famille. C'étaient des immeubles incorporels et des fiefs « sans substance, n'ayant conservé que leur qualité. »

Je ne veux pas prolonger ces citations ; j'aime mieux ici encore invoquer le témoignage de l'histoire. Vous savez combien Saint-Simon s'est répandu en doléances sur ces ducs sans duchés, les ducs à brevet, comme on les appelait :

« Mazarin, dit-il dans ses Mémoires, avait renouvelé la dignité de duc « à brevet, qui n'a que des honneurs sans rang ni successions, comme « sous François Ier et ses successeurs, mais depuis quelque temps tombée « en désuétude, et qui parut propre au premier ministre à retenir et à « récompenser des gens considérables ou qu'il voulait s'attacher....

« Ces ducs non vérifiés, ajoute-t-il, chap CCCLXXII, que l'usage ap- « pelle mal à propos *à brevet*, puisqu'ils n'ont pas de brevet, mais des « lettres comme les autres, qui ne sont pas vérifiées au Parlement, n'opè- « rent rien de réel, ni de successif ; mais de simples honneurs de cour, « sans rang, sans existence dans le royaume. Il serait peut-être difficile « de les trouver plus haut que François Ier. »

Saint-Simon cite des exemples ; mais l'exemple le plus saisissant fut donné par Louis XIV lui-même, qui se connaissait apparemment en

Droit Public nobilier. Tout le monde sait qu'en 1676, il a créé un duc sans duché : — le duc du Maine.

Je ne prétends pas qu'on ne fût pas plus satisfait d'avoir son titre reposant sur une seigneurie. A beaucoup de points de vue on devait le préférer, et il est certain que le titre, assis sur les débris d'un ancien fief, avait un caractère plus respectable : aussi arrivait-il souvent que quand on vendait sa seigneurie, tout en retenant le titre qui y était autrefois attaché, on se livrait à des combinaisons assez bizarres. Vous en avez vu déjà un exemple curieux. — Laissez-moi en emprunter un autre à la maison de Montmorency.

Voici ce que je lis dans Désormeaux :

« Pierre de Montmorency, premier du nom, baron de Fosseux, marquis de Thury, comte de Château-Villain, seigneur de Baillet-sur-Esche, de Courtalain, de Courcelles, etc.... En 1570, il devint l'aîné de sa maison. . . . .

« Ce même Pierre vendit la baronnie de Fosseux à Jean de Heunin, seigneur de Cuvilliers, de la maison de Chimay ; mais pour ne pas perdre un titre sous lequel son bisaïeul, son aïeul, son père et lui étaient connus, il obtint du roi l'érection de la terre de Baillet-sur-Esche en baronnie, sous le nom de Fosseux. »

Ainsi vous avez plusieurs domaines ; vous vendez celui de Fosseux : le titre va-t-il pour cela vous échapper ? Non ! Il vous suffit de le retenir. — Il n'est donc pas inséparable de la seigneurie ! — Vous le retenez, et pour lui conserver un caractère de réalité, vous obtenez du Roi (la prérogative royale se manifeste partout !), vous obtenez qu'on débaptise tel autre de vos domaines pour lui donner le nom du titre que vous voulez conserver !

Ce qui se passe là dans la maison de Montmorency pour le titre de Fosseux, s'est passé dans la maison de Condé pour le titre d'Enghien : je ne sache pas de titre qui ait plus voyagé que celui-là.

« Il est nécessaire d'observer, dit le P. Anselme, qu'Enghien était pri-
« mitivement une baronnie du comté de Haynaut, laquelle étant échue en
« partage à Antoine de Bourbon, duc de Vendôme, roy de Navarre;
« Louis de Bourbon, premier du nom, prince de Condé; son frère puyné,
« en fit transporter le nom sur la seigneurie de *Nogent-le-Rotrou au*
« *Perche*, qu'il fit nommer *Enguyen-le-François*. Depuis, Henry de Bour-
« bon, deuxième du nom, prince de Condé, ayant échangé *Nogent-le-*
« *Rotrou* contre la baronnie d'Issoudun en Berry, que possédait Maximi-
« lien de Béthune, premier du nom, duc de Sully, il fit donner à *Issoudun*
« le nom et titre de duché d'*Enguyen*, qui a encore été depuis transféré
« au duché-pairie de *Montmorency*, que l'on nomme à présent le duché
« *d'Enguyen*. »

Voilà comment le pauvre duché d'Enghien se promène du Nord au Midi; il dépendait d'abord du Haynaut; il vient s'établir un instant dans le Perche pour se rendre de là dans le Berry, et venir enfin fixer aux portes de Paris son existence vagabonde. Il est vrai qu'il a une excuse, car c'est sous son nom que le prince de Condé s'est immortalisé!

Je résume, Messieurs, et je dis que le titre est indépendant de la seigneurie; vous le voyez de reste! Je dis que le titre est indépendant du nom; vous l'avez vu de reste! Et je me borne à poser cette simple question : Nous ne sommes plus en 1864, nous sommes en 1633 : le duché n'est plus, le titre est éteint; les domaines sur lesquels il reposait ont été confisqués; biens et titre sont entre les mains du Roi.

Le Roi pouvait-il garder les biens? Au lieu de se réserver seulement la terre de Chantilly, pouvait-il tout conserver? — Oui, incontestablement!

Pouvait-il relever le titre sur quelqu'un des biens personnels du prince de Condé? — Oui, incontestablement!

Pouvait-il relever le titre de duc sans l'attacher à un duché? — Oui encore; les exemples que j'ai cités l'attestent!

Enfin, au lieu du prince de Condé, pouvait-il choisir un comte de Périgord? — Qui osera le dénier!

S'il en est ainsi, je n'ai pas besoin de conclure!

Voilà les principes, voilà les règles de la vieille monarchie, voilà l'ancien Droit Public de France, — celui dont nos nobles adversaires se proclament les derniers apôtres. Certes, je ne les en blâme point! Je ne leur demande que de le respecter ou tout au moins de le connaître.

Et maintenant après l'ancien droit, voyons le droit nouveau.

Le Droit Public moderne est-il en cette matière différent de l'ancien? La prérogative souveraine est-elle moindre? — Oui certes! Elle a reçu une atteinte profonde, dont je rends grâce, dont nous rendons grâce tous ensemble à la révolution de 1789, et personne ici ne me contredira, j'en atteste l'immortelle nuit du 4 août! C'est que les titres sont dépouillés de tout privilége. Le Souverain pourra en créer de nouveaux, relever les anciens; mais il ne pourra plus y attacher le moindre des priviléges, ni distinguer par la moindre immunité le titulaire du plus humble de ses sujets. Mais à part cette différence qui sépare seule l'ordre nouveau de l'ancien régime, la prérogative est la même, les règles sont les mêmes: — le Souverain crée des titres: le Souverain relève des titres éteints.

Ce n'est pas certes la loi de germinal an XI que l'on me citera comme ayant modifié la prérogative. La loi républicaine de germinal an XI ne s'est occupée des titres que pour les proscrire.

Est-ce la Constitution impériale?

Je n'imagine pas qu'on le prétende! Bien loin d'affaiblir l'antique prérogative, Napoléon Ier a relevé le droit de Louis XIV; — que dis-je? le droit de Charlemagne! et il faut bien reconnaître que celui qui s'était fait tant d'ancêtres sur les champs de bataille, pouvait bien faire des nobles. Aussi en a-t-il fait. Il a créé des barons et des comtes; il a créé des ducs, avec ou sans duchés, comme Louis XIV: il n'a pas relevé, je crois, d'anciens titres; il avait assez de s'occuper des gloires présentes! mais son génie avide des traditions, — qui aimait à voir se presser autour de son trône parvenu les plus hauts représentants de l'ancienne noblesse, qui était allé chercher un Séguier pour en faire un premier Président, un Molé et un Pasquier pour leur faire place dans son Conseil d'État, — son génie entrevit certainement le jour où le passé, réconcilié avec le présent, confondrait dans une même admiration, pour les enseignements de l'avenir, les gloires de notre vieille monarchie et les gloires de l'épopée nouvelle !

Le Droit n'était donc pas énervé dans sa main toute-puissante et j'ajoute, en passant, que sous lui, les abus ont été les mêmes.— Comme autrefois, les noms se sont effacés devant les titres ; et certes, sous ces titres retentissants qui font cortége à l'Empire, il n'est pas toujours facile de démêler les noms de ces héroïques plébéïens de la veille, devenus les ducs ou les princes du lendemain.

Ce n'est donc pas la Constitution impériale qui a vu périr les prérogatives de l'ancienne monarchie. — Elles sont aussi restées les mêmes sous la monarchie du Droit Divin, comme sous la monarchie du Droit Populaire, et l'une et l'autre en ont fait le même usage.

Sans doute on n'a plus créé ni apanages ni seigneuries, et les adversaires nous demandent ironiquement si le droit pour le Souverain de relever les duchés est la conquête de quarante ans de révolutions ! Non certes, ce n'est pas là le bienfait que nous avons conquis et personne n'a souci de le conquérir. Loin de là ! et c'est précisément parce que le Souverain ne peut ni créer ni relever de seigneuries, qu'il peut créer et relever des titres.

C'est ce que dit très-bien Merlin :

« En France, on admet plusieurs sortes de noms, les noms de baptême, « de famille et les noms de seigneurie, qui répondent au *cognomen* des « Romains. »

M. de Sémainville développe sa pensée, mais sans multiplier les citations, je demande seulement à mettre sous vos yeux quelques lignes du rapport fait au Corps législatif sur la loi de 1858.

« Qu'importe maintenant, au point de vue de leur utilité politique ou « sociale, que les titres usités parmi nous rappellent des institutions féo- « dales heureusement disparues, et ne soient plus qu'une distinction no-

« minale? *Nous les repousserions s'ils possédaient la réalité dont on leur « reproche l'absence.......* »

Voilà bien la théorie adverse, qui nous dit : Vous ne pouvez être duc de Montmorency qu'à la condition qu'on relève le duché de Montmorency!

« La survivance de ces dénominations a été le résultat nécessaire de la « succession des âges; les mœurs et les habitudes nouvelles, en les ac- « ceptant, en ont suffisamment déterminé la signification et la valeur « relative..... »

Mais pourquoi, Messieurs, nous étendre sur ces considérations théoriques lorsque l'histoire contemporaine est là, comme l'histoire d'autrefois, pour attester la vérité et affirmer le droit !

Ni la monarchie de 1815, ni celle de 1830, n'ont hésité devant l'exercice de la prérogative, et j'ajoute que jusqu'à ce jour il ne s'était rencontré personne pour la contester. Le Roi Louis-Philippe a fait M. Pasquier duc Pasquier, comme l'Empereur a fait M. de Morny duc de Morny, et M. de Persigny duc de Persigny. Le Roi Louis-Philippe a fait le maréchal Bugeaud duc d'Isly, — créant ainsi un titre distinct du nom, — comme l'Empereur a fait le maréchal Mac-Mahon duc de Magenta, et le maréchal Pélissier duc de Malakoff.

Et en même temps que de nouveaux titres étaient ainsi créés, des titres anciens, éteints par la mort, étaient relevés. En voulez-vous quelques exemples ? — Le dernier duc de Brissac avait été massacré en 1792; en 1814, M. de Cossé représentant une branche collatérale est élevé à la pairie, sous le titre de duc de Brissac.

En 1819, M. de Chastellux épouse la fille du duc de Duras, et en l'absence d'une descendance masculine, il obtient la survivance, et est fait duc de Duras.

En 1822, M. de Jumilhac gendre du duc de Richelieu, obtient également, en l'absence de mâles, la collation du titre.

M. de Ségur épouse l'héritière du comte de Lamoignon, et devient comte de Lamoignon.

En 1841, le général Becker, comte de Mons, n'ayant pas d'enfants, fait passer à son neveu, M. Martha, son titre de comte de Mons.

En 1846, Samuel Bernard, comte de Coubert, n'ayant pas d'enfants pour recueillir son titre, le fait transmettre à son neveu, M. Deforestier; et remarquez que l'ancienne famille de Coubert qui avait possédé le titre, et qui, suivant l'usage, avait emprunté son nom à son titre, existait, et existe, si je ne me trompe, encore. Elle avait des représentants qui s'appelaient MM. de Coubert; ils ont gardé le nom, mais M. Deforestier a été investi du titre.

En voilà assez, je pense, pour conclure que la prérogative de la monarchie moderne est semblable à celle de l'ancienne monarchie.

Et maintenant, est-ce que la jurisprudence aurait méconnu des principes si hautement proclamés à chaque page de notre histoire? — Non certes! — Je n'ai pas bien compris, je l'avoue, la portée des arrêts que vient de citer Mᵉ Dufaure; mais j'ai pu examiner ceux qui ont trouvé place dans la consultation, et j'affirme que l'analogie qu'on en veut tirer repose, comme toute la thèse adverse, sur une équivoque qu'il faut dégager.

Quand on demande au Souverain l'autorisation d'ajouter à son nom patronymique une formule nouvelle, cette formule peut se présenter sous deux aspects différents: soit comme nouveau nom, soit comme titre. Je n'ai plus besoin, je pense, de revenir sur les différences profondes, essentielles, qui distinguent un nom d'un titre. Je les ai suffisamment définies dans la nature des choses, dans les attributs et dans les conséquences respectives. Si donc c'est un nom que l'on demande, pour s'en doter soi-même, et avec soi toute sa descendance, il est clair qu'il faut se soumettre aux dispositions de la loi de germinal an XI. Eh bien! que fait la consultation adverse? — Elle relève tous ces exemples dans lesquels il s'agissait d'un nom!

Vous allez voir :

Elle cite l'affaire Bréchard, et voici ce que je lis : « Considérant « que le *nom* de Bréchard appartient à une famille existante, dans « laquelle il existe trois individus mâles, et qui s'oppose à ce que son « nom soit transporté dans une famille étrangère. . . . .
« L'autorisation accordée est rapportée. » — Je n'avais pas besoin d'aller si loin ; il s'agit d'un nom, voilà qui suffit. La citation est sans portée.

Dans l'affaire Conégliano, que demandait le postulant ? Demandait-il à prendre le titre de duc de Conégliano comme M. de Talleyrand-Périgord a demandé à prendre le titre de duc de Montmorency, c'est-à-dire pour lui seul de son vivant, et, après lui, pour l'aîné seul de ses enfants ? — Non pas ! Il demandait à prendre tout à la fois le titre de duc et le nom de Conégliano, comme nom patronymique, c'est-à-dire pour lui et pour toute sa descendance. On a donc eu raison de décider qu'en pareil cas la loi de germinal an XI recouvrait tout son empire.

On a insisté sur l'affaire Morel de Vindé ; voyons donc comment elle est rapportée dans le recueil de Sirey :

« Une ordonnance du 1er mars 1819 a autorisé la transmission héréditaire des titres et qualités de M. le vicomte de Morel-Vindé au sieur « Charles-Louis Terray, son petit-fils, en ces termes : « — Art. 1er. Les « rang, titres et qualités de pair du royaume qu'il nous a plu d'accorder « au vicomte de Morel seront transmis héréditairement à notre amé « Charles-Louis Terray, son petit-fils, dans le cas où le vicomte de Morel « viendrait à décéder sans postérité mâle, naturelle et légitime. — « Art. 2. Ledit Charles-Louis Terray *joindra à son nom propre celui* « *dudit aïeul maternel....* »

Je puis m'arrêter là et reconnaître que la Cour de cassation a eu pleinement raison. Après s'être investi du nouveau nom que lui conférait l'ordonnance royale, M. Terray s'est adressé au Tribunal de première instance, et lui a demandé de faire rectifier son acte de naissance, pour y insérer tout à la fois, son nouveau nom et son titre. Le Tribunal a ordonné cette rectification ; mais la Cour de cassation est intervenue dans l'intérêt de la loi et a dit : — Il y a dans l'ordonnance royale deux éléments distincts : collation d'un titre, et sous cet aspect elle vous échappe ; attribution d'un nom, et à ce point de vue, vous n'avez pas à faire rectifier rétrospectivement l'acte de l'état civil. En quoi cet arrêt touche-t-il à notre débat ?

Ah ! il y a une autre espèce qui y touche davantage et sur laquelle je dois m'arrêter un instant, c'est l'affaire de Brancas. Vous vous rappelez que M. Hibon de Frohen avait pris le titre de duc de Brancas, et que la famille de Brancas s'y était opposée. M. Hibon de Frohen, qui n'était pas Brancas, avait la prétention de prendre non pas le nom de Brancas, mais le titre de duc de Brancas, qu'il avait reçu de sa femme par transmission de grandesse espagnole. Le Tribunal lui avait reconnu ce droit, mais la Cour a infirmé le jugement, et, dans son arrêt, je trouve les deux considérants que voici :

« Considérant dès lors que Hibon, soit qu'on considère son titre de « grand d'Espagne comme résultant des lois espagnoles, soit qu'on le con- « sidère comme établi dans la législation française, ne se présente pas avec « les autorisations nécessaires pour sanctionner la transmission qui lui en « aurait pu être faite par son mariage ; que dès lors le droit des intimés il « n'en résulterait qu'ils pussent perdre les nom et titre de duc de Bran- « cas (*sic*) ; que le nom patronymique est la propriété d'une famille, et ne « peut en cet état de la législation être transporté à une autre famille sans « les formalités légales ; que les inductions tirées des brevets qui ont « fondé la grandesse donnée au maréchal de Brancas, et de ceux qui « l'ont transmise à ses collatéraux, ne pourraient prévaloir contre le droit « général en ce qui concerne leur nom ; »

« Considérant que c'est dans cette pensée que le ministre de la justice « a refusé à Hibon le droit de prendre le nom de Brancas, serait une qua- « lification (*sic*) ; qu'en effet une qualification héréditaire qui consisterait « dans un nom propre produirait évidemment le même effet que le nom « lui-même.

Je ne crains pas de dire que la Cour s'est trompée, non pas dans sa décision,—car sa décision repose principalement sur ce motif que les formalités nécessaires pour consolider sur la tête de M. Hibon de Frohen la grandesse espagnole n'avaient pas été accomplies, — mais dans ces considérants, qui me paraissent en opposition avec les principes fondamentaux que j'ai établis; aussi ont-ils été l'objet de vives critiques dans les recueils.

Un pourvoi a été dirigé contre cet arrêt et rejeté après une longue délibération; mais l'arrêt se défendait par l'autre motif que je rappelais tout à l'heure, et on ne peut dire que la Cour de cassation se soit approprié la doctrine erronée qui y avait trouvé place. — Au surplus, la distinction que je revendique aujourd'hui n'avait pas échappé à l'éminent avocat de M. Hibon.....

Me Dufaure : Vous n'en savez rien. Ne cherchez pas à mettre un confrère en contradiction avec lui-même ! Ce n'est pas bien.

Me Nicolet : Je ne vous mets pas en contradiction avec vous-même ! — Aujourd'hui, vous soutenez que dans notre espèce Montmorency il y a indivisibilité, solidarité entre le titre et le nom, et moi je soutiens le contraire. — Vous ne répudiez donc pas vos doctrines passées ; vous prétendez seulement qu'elles ne sont pas applicables au procès actuel : eh bien ! j'ai intérêt à relever la doctrine et il m'est permis de recourir à votre autorité. — Voici donc ce que vous disiez :

« Je note d'abord, comme nous l'avons toujours fait en première ins-
« tance, que la question du changement ou addition de nom est complé-
« tement désintéressée ici.

« M. Hibon a voulu ajouter à son nom celui de Brancas; le gouverne-
« ment s'y est refusé. Son nom patronymique reste ce qu'il était, Hibon
« de Frohen, le seul qu'il puisse prendre dans tous les actes de la vie ci-
« vile. Le nom patronymique du maréchal Bugeaud n'a pas été changé
« par le titre de duc d'Isly; celui du maréchal Pélissier n'a pas été changé
« par le titre de duc de Malakoff. Nous soutenons qu'il en est ainsi pour
« le fils aîné de Mme Hibon de Frohen et pour M. de Frohen lui-même;

« seulement leur qualification n'est pas attachée à un nom de bien, mais « à un nom de famille, conformément aux règles de la grandesse espa- « gnole. »

Qu'est-ce que je veux tirer de là ? Le plaisir de vous jeter dans une apparente contradiction ? — Allons donc ! Je n'ai pas cette misérable pensée, vous le savez bien ! Ce que je veux en tirer, c'est que l'arrêt de Brancas contient deux considérants qui sont entachés d'erreur doctrinale et qu'il a eu tort de ne pas voir, sous une confusion apparente, la distinction très-réelle que vous aviez justement relevée.

Et maintenant, à côté de ces arrêts, sans portée dans la cause, j'en pourrais citer une quantité innombrable qui tous ont consacré la thèse que je soutiens.

Voici, par exemple, un arrêt de la Cour de Nîmes du 9 août 1860 :

« Attendu que les titres nobiliaires ne sont, dans l'état de nos lois et de « nos mœurs, que de simples distinctions honorifiques, et ne constituent « pas dans l'état civil des citoyens un de ces éléments caractéristiques « qu'énumère l'art. 34 du Code Napoléon, et dont il exige que tous les « actes destinés à constater cet état civil contiennent l'indication ;—que ce « n'est qu'abusivement qu'on a pu, en matière d'état civil, confondre *le nom*, « *lien commun, patrimoine collectif de tous les membres d'une même fa-* « *mille*, avec *le titre, distinction* PARTICULIÈRE, dont CERTAINS D'ENTRE EUX « *peuvent se trouver investis*..... »

En voici un autre de la Cour d'Agen, du 28 août 1860 :

« . . . . . Attendu que le titre, au contraire, se distingue clairement « du nom, dont il n'est pas une partie essentielle, puisqu'*il ne passe point* « *à tous les enfants ;* que le nom peut être changé ou modifié, tandis que « le titre restera le même, et réciproquement ; que lorsqu'il s'agit des « noms et prénoms, les actes de naissance font seuls foi en cette matière ;

« qu'il en est autrement pour les qualifications nobiliaires; car, de ce « qu'un titre est donné au père dans l'acte de naissance de son fils, il n'en « résulte pas nécessairement que le fils soit en possession de ce même « titre; qu'il y a, dans ce cas, à faire certaines réflexions, certain examen, « qui sont du domaine exclusif de l'administration..... »

Voilà bien la distinction fondamentale! Voilà bien le nom, objet unique de la loi de germinal an XI. Si c'est un nom, nous le reconnaîtrons! Il s'étendra à tous les enfants, du premier né au dernier né, à travers toutes les générations. Si c'est un titre, nous le reconnaîtrons encore; il n'appartiendra qu'au titulaire, et, après lui, à l'aîné de ses enfants.

Je cite encore un arrêt saisissant, rendu le 31 juillet 1828, par la Cour d'Aix, confirmant un jugement de Marseille de 1826. Voici l'espèce :

« En 1773, vente, par le sieur Gabriel de Siran, marquis de Cavanac, « du domaine de Cavanac, au sieur d'Ayrolles, qui, à son tour, et par acte « de 1788, le vend au sieur Poulhariez. — A partir de cette époque, le « sieur Poulhariez a ajouté à son nom celui de Cavanac, qu'il a transmis « héréditairement à son fils.

« En 1825, le marquis de Cavanac fils a assigné le sieur Poulhariez « devant le Tribunal de Marseille, pour voir dire qu'il lui serait fait défense « de porter à l'avenir le titre de marquis de Cavanac. »

1er *avril* 1826. — *Jugement du Tribunal de Marseille.*

« Attendu que la possession d'une terre noble donne le droit au posses- « seur d'en prendre le nom; que le sieur Poulhariez n'a pas fait autre « chose; qu'il ne se qualifie pas de marquis de Cavanac, mais de marquis « de Poulhariez-Cavanac, ce qui est tout différent; que, d'ailleurs, le sieur « Poulhariez ne tient pas son titre de marquis de la seule possession de la « terre de Cavanac, mais du don du prince (Louis XVIII), qui l'avait ap-

« appelé marquis dans un certificat qu'il lui avait délivré le 8 mai 1794, et « qui attestait ses services pour la cause royale; que le marquis de Cavanac « est sans qualité ni droit pour contester au sieur Poulhariez, soit le titre « de marquis, soit l'adjonction du surnom de Cavanac. »

Je parlais de la prérogative, Messieurs ! J'imagine qu'après un tel exemple nos adversaires ne la déclineront plus. Louis XVIII, en 1794 — (entendez-vous, en 1794 !), — écrit au possesseur de la terre de Cavanac, lui donnant le titre de marquis; et l'effet de la prérogative royale s'exerçant.... à distance, M. Poulhariez devient marquis de Cavanac en présence de la famille qui avait possédé ce titre et qui demeure propriétaire du nom.

Quelle est la conclusion de tout ceci ?—C'est que le Droit Public n'a pas changé sur la collation des titres, et que la prérogative est restée la même, sauf la distinction profonde que la Révolution française y a apportée ; c'est que, sous la nouvelle comme sous l'ancienne monarchie, le Souverain peut créer et relever des titres. — Le nom reste ce qu'il a toujours été, patrimoine commun de tous les enfants, imprescriptible, inaliénable; aucune puissance ne peut nous le ravir. Le Souverain peut bien confier à un autre le droit de le porter; mais pour exercer cette prérogative constitutionnelle, il doit se conformer aux conditions déterminées par la loi spéciale de germinal an XI. — Le titre, au contraire, demeure indépendant du nom, même quand il repose sur une désignation identique ; propriété précaire, personnelle, restreinte, ne passant pas à tous les enfants, — il peut être créé, aboli, relevé, et, dans ce cas, la prérogative constitutionnelle n'est assujettie à aucune règle.

Voilà les principes attestés par l'histoire qui les pose avec une puissance irréfragable !

Et maintenant, revenons au décret. Que dit-il ? — Il est formel : il ne confère point un nom à M. de Talleyrand-Périgord, et M. de Talleyrand-Périgord ne l'avait pas demandé. —Il a demandé et il a obtenu le droit de porter le titre de duc de Montmorency, éteint par la mort en 1862, comme il avait été éteint par la confiscation en 1632. Il a demandé à le porter dans les conditions où se porte un titre, à côté de son nom qui subsiste, le portant lui seul, ne le transmettant pas à tous ses enfants, mais à l'aîné seulement de ses enfants, et seulement après lui-même.

Ce n'est donc pas un nom, c'est un titre, — et si c'est un titre, qu'a à faire ici la loi de germinal? Que devient la plainte de MM. de Montmorency-Luxembourg? que devient le procès?

Un mot maintenant, et seulement un mot relativement aux armes. Quel est le grief? — M. le duc de Montmorency (je crois pouvoir désormais lui donner son titre) veut porter les armes des Montmorency!— Eh sans doute! Il pourrait les porter *pleines*, parce qu'il est duc de Montmorency et que le titre emporte les armes. Mais il ne veut pas les porter *pleines*, car, pas plus qu'il n'a entendu abdiquer le nom de ses pères, il n'entend abdiquer les armes, glorieuses aussi, qu'ils lui ont transmises : —il veut seulement les porter écartelées des armes de Montmorency. — On lui conteste ce droit! Mais dans le cercle où il veut l'exercer, ce n'est pas même du décret qu'il le tient. — Il le tient de sa naissance!.. Sa mère était Montmorency : il peut écarteler les armes de sa mère. J'en appelle à M. le duc de Luynes, qui porte dans ses armes les armes de Rohan! Il n'est pas Rohan, il n'est pas duc de Rohan; il les porte cependant, parce que, parmi les alliances de ses ancêtres, s'est rencontrée une Rohan. Le duc de Montmorency a donc deux fois le droit qu'on lui conteste : — il le tient du décret et de sa naissance!

Voilà ma cause, Messieurs, et il m'est permis de dire maintenant, qu'elle ne méritait ni tout ce bruit, ni cet apparat de consultations, ni ce déploiement de puissances, ni ces émotions qui lui font cortége au dehors... hélas ! et presqu'au dedans !

Me Dufaure disait : « C'est la lutte du droit contre la force !... » Ah ! qu'il sait bien l'effet que de pareils mots ont en France, sur nos esprits plus ardents que réfléchis ! — Maintenant, après la discussion que vous venez d'entendre, vous voyez ce qu'il faut en croire ! Et puisque nous en sommes à mettre des épigraphes à nos plaidoiries, je crois pouvoir mettre celle-ci à la mienne : « la cause du droit contre la passion ! »

Oui, la passion !... Je n'ajouterai point de réflexion blessante comme celle qui a couronné la plaidoirie adverse ; mais il me sera permis d'en faire une qui n'atteindra personne, parce que je l'adresse à tout le monde, et, si on veut, à moi-même le premier !

Nous avons un grand malheur en France : c'est que nous ne voyons jamais la vérité, c'est que nous ne cherchons jamais le Droit qu'à travers le prisme, tantôt éblouissant, tantôt assombri, toujours trompeur, de nos sentiments et de nos passions. Ce que nous jugions légitime hier, nous le jugeons exorbitant aujourd'hui, pour le juger demain légitime encore ; de telle sorte que, le même acte, — vérité en-deçà d'une date, erreur au-delà, — nous trouve, tour à tour, respectueux ou frondeurs. Ah ! ce n'est pas ainsi que nous fonderons la stabilité de nos institutions au dedans, et au dehors le respect de notre caractère !

Au surplus, je laisse là des considérations qui ne sont point de mon domaine ; et pour venir à ce qui me tient plus au cœur, je dirai à MM. de Montmorency-Luxembourg : — sentiments pour sentiments, je préfère ceux qui sont de tous les siècles et qui sont le premier charme, comme le premier devoir de notre courte vie ! Il est bien d'être de son opinion : il est mieux d'être de sa famille, et j'imagine que MM. de Montmorency-Luxembourg auraient rendu un plus digne hommage à ce sang, qui est le nôtre, comme il est le leur, s'ils ne l'avaient pas livré aux controverses des journaux, à ces polémiques blessantes, à ce bruit stérile et aux sarcasmes de l'audience, pour l'équivoque satisfaction d'une protestation impuissante, non pas devant la force, mais devant le droit et devant l'histoire !

M. LE PRÉSIDENT : Me Berryer a la parole.

Me Berryer s'exprime en ces termes :

MESSIEURS,

Je ne veux pas céder à l'impatience de répondre aux derniers mots que vous venez d'entendre. Ce procès n'est, vous dit-on, qu'une *lutte des passions contre le droit*. Quelles passions ? et qui donc a cherché à les introduire dans cette cause ? Déjà, à la précédente audience, nous avons été étrangement provoqués quand on a essayé de vous faire considérer l'action judiciaire de la famille Montmorency comme ayant bien moins pour objet la revendication du droit le plus légitime que le désir d'attaquer un décret et de contester aujourd'hui le libre exercice de la souveraineté. On vous l'a dit, le procès ne serait pas intenté s'il s'agissait de l'exécution d'une ordonnance !

Je ne sais pas s'il est habile à M. Adalbert de Périgord d'introduire ainsi dans le débat des pensées et des sentiments qui n'y doivent point prendre place, et de chercher à préoccuper vos esprits par des considérations qui ne peuvent cesser de vous être étrangères sans qu'il soit porté atteinte à la dignité et à l'indépendance de votre justice. Quoi ! c'est nous qui soutiendrions une lutte des passions contre le droit ! Ce langage est au moins extraordinaire de la part de celui qui est obligé de reconnaître qu'il est sans droit, qu'il n'a pu en invoquer aucun, mais qu'il a sollicité et obtenu une faveur de la prérogative souveraine. C'est sans doute comme remercîment de cette faveur, et dans l'espoir d'en obtenir une autre de vous, qu'il apporte à cette audience les inconvenantes insinuations que nous avons entendues.

C'en est trop à cet égard, — on sera impuissant à détourner vos esprits du caractère sérieux et du légitime objet des deux demandes qui vous sont soumises, à fin d'interdire à M. Adalbert de Périgord de prendre le nom de Montmorency, et de lui faire défense d'usurper les armoiries de cette maison.

Le décret du 14 mai n'existait pas quand au mois de février, une première protestation fût présentée par un référendaire au Conseil du sceau des titres contre la demande de M. le prince Gontran de Bauffremont, prétendant se faire reconnaître héritier du titre de duc de Montmorency. Le décret du 14 mai n'existait pas quand une seconde protestation fut de même adressée au Conseil du sceau, au mois de mars, contre la prétention de M. de Périgord à la concession gracieuse de ce titre honorifique. Au mois de mai, on apprend que M. Adalbert promène par la ville le nom du duc de Montmorency, qu'il signe de ce nom, sans aucune autre indication, les visites qu'il rend en divers lieux; c'est alors qu'est portée à votre tribunal l'instance que vous avez à juger. La demande est fondée sur des faits positifs, sur des documents écrits que nous avons entre les mains; c'est la revendication d'un nom de famille, c'est la résistance à une usurpation à laquelle il est du devoir et de l'honneur de tous les membres de la famille de s'opposer par tous les moyens que les lois et la jurisprudence ont consacrés; c'est une réclamation de propriété privée, c'est une action purement civile dont vous êtes les juges spéciaux et nécessaires.

Ce n'est pas sérieusement qu'on a prétendu nous arracher à votre tribunal et nous faire renvoyer devant je ne sais quels juges, d'abord en alléguant que nous avions soumis le litige à une autre juridiction par les deux protestations qui ont été adressées au Conseil du sceau des titres. Protester auprès d'un Conseil qui n'a point de juridiction, qui ne peut être appelé qu'à donner un avis, devant lequel aucune instance ne peut être liée, certes ce n'est pas lui déférer le jugement d'une contestation ; jamais une protestation ne peut avoir ce caractère et ces effets ; une protestation est un acte conservatoire, c'est un acte de réserves du droit, c'est la barrière ou le fossé qui défend l'entrée de mon champ : je proteste auprès du garde champêtre contre l'invasion d'un bétail étranger dans mes prés, ou dans mes bois ; s'il ne fait pas respecter ma propriété, je n'ai pas compromis mon droit, je me suis réservé de le faire reconnaître et proclamer par un juge compétent.

Laissons de côté ce prétendu moyen de litispendance tiré des protestations de février et mars 1864.

Il en est de même d'une allégation d'incompétence qui n'est l'objet d'aucunes conclusions jointes au procès et que l'on voudrait fonder sur l'article 7 de la loi de germinal an XI, dont nous invoquons les dispositions quant à la nécessité de remplir les formalités qu'elle prescrit pour obtenir des changements ou additions de nom, et aux termes de laquelle, dans l'état actuel de notre législation, le Conseil d'État serait le seul juge compétent en cette matière.

Il est vrai que dans le système de la loi de l'an XI, lorsque le gouvernement a été saisi d'une demande à fin de changement ou d'addition de nom, lorsque cette demande a été rendue publique, que des délais ont été observés, qu'il a été statué et que des tiers se trouvent lésés par la décision intervenue, s'ils veulent se pourvoir contre cette décision c'est au gouvernement qu'ils doivent adresser leur requête dans le cours de l'année durant laquelle l'exécution de la décision est légalement suspendue.

Mais quand aucune des formalités n'a été remplie, quand l'administration publique n'a point été appelée, dans les forme et dans les délais prescrits, à statuer sur la demande et à rendre une décision régulière, ce n'est point à elle que les personnes lésées dans leurs droits doivent adresser leurs réclamations, c'est devantla juridiction du droit commun, devant l'autorité judiciaire qu'il appartient de se pourvoir contre une atteinte irrégulièrement et illégalement portée à des droits privés.

Vainemement encore voudrait-on se prévaloir, pour obtenir le renvoi de la cause, de ce qu'à toutes fins, pour la préservation de leurs droits, les membres de la famille Montmorency ont déféré le décret au Conseil d'État, comme entaché d'excès de pouvoir, mais en demandant expressément qu'il fût sursis à statuer, *jusqu'à ce que la question de propriété du nom ait été tranchée par le Tribunal civil de la Seine qui en était saisi.* Ce recours n'est donc qu'une mesure conservatoire prise à un autre titre que la demande judiciaire, elle soulève une question de droit constitutionnel.

Retenez donc le jugement de cette cause, Messieurs; je viens de vous le dire, c'est une action purement civile qui vous est soumise; elle a pour objet l'exercice d'un droit de famille, elle vous appelle à juger une question de propriété privée, elle est fondée sur un fait personnel à M. Adalbert de Périgord, fait dont nous produisons la preuve écrite de sa main. L'instance portée devant vous le 26 mai était liée en ce Tribunal par les conclusions respectives des parties, quand, à la date du 8 juillet, M. de Périgord nous a révélé l'existence du décret du 14 mai et l'a introduit au procès par sa tardive signification.

L'apparition de ce décret peut-elle arrêter le cours de votre justice ?

Deux principes dominent cette cause : ils sont hors de toute controverse, et doivent motiver votre jugement. M'est-il nécessaire d'invoquer le texte des lois, l'autorité des jurisconsultes et le sentiment universel pour établir qu'un nom de famille, le nom patronymique est une propriété privée, la plus respectable de toutes, inviolable, incessible, sacrée pour ceux à qui elle appartient, dont enfin nulle autorité n'a la puissance de disposer contre le gré de ceux qui y ont droit.

Est-il moins incontestable que les questions de propriété privée sont du domaine exclusif de l'autorité judiciaire, que notre droit public et notre droit civil consacrent cette compétence spéciale et absolue des tribunaux?

M. Adalbert de Périgord prétend se dégager de ces immuables principes. Il ne s'agit pas, dit-il, de droits privés touchant la possession d'un nom propre; je porte un titre tel qu'il m'a été conféré par la puissance souveraine, par un acte de sa prérogative hors de conteste, et qui ne peut être l'objet d'aucune discussion.

Voilà un étrange langage et je peux dire qu'il est nouveau en France, et serait funeste s'il était écouté.

Consultons l'ancien droit de la France, ouvrons nos annales, interrogeons les monuments emanés de l'autorité souveraine. Il n'est point d'acte de la munificence royale portant atteinte ou pouvant porter atteinte à des droits privés qui n'ait pu être apprécié et réformé par l'autorité judiciaire. Je n'ai point à rappeler les dispositions générales par lesquelles nos rois enjoignaient à leurs Cours de Parlement de ne point obéir aux lettres closes ou patentes qui seraient contraires aux lois du royaume (1). Mais à tous les actes de la nature de celui dont il s'agit aujourd'hui, aux actes de munificence royale, contenant concessions de droits individuels, ou collations de titres, était jointe la formule en quelque sorte sacramentelle : *sauf notre droit en autres choses et l'autrui en tout.*

Les droits des tiers étaient ainsi formellement réservés. Les actes souverains devaient toujours être enregistrés, soit en Cour de Parlement, soit dans les Chambres des comptes; et si des particuliers se trouvaient lésés dans leurs droits privés, ils avaient la faculté de faire statuer par les Cours sur leurs réclamations, en formant opposition à l'enregistrement des lettres-patentes; en accordant une faveur particulière, nos rois n'entendaient pas nuire aucunement au droit des tiers, ou leur interdire tout recours auprès des Cours de justice. Voilà le vieux droit français. Nous ne connaissons qu'un

(1) Ordonnance de Philippe de Valois, 1344; de Charles V, 1359, 1370, 1389; de Charles VII, 1453; de Louis XII, 1499; de François Ier, 1539, etc.

seul exemple contraire; il remonte à une date funeste, c'est l'ordonnance de Charles IX, relative au nom de Créquy, en l'année de la Saint-Barthélemy, en 1572. Ce n'est pas là sans doute le principe d'autorité que l'on prétend vous faire remettre en vigueur aujourd'hui.

Les maximes constantes de notre droit, spécialement quant aux noms de famille, étaient ainsi résumées en quatre principes par M. Merlin dans l'ancien répertoire :

« Le premier, dit-il, est que le nom et les armes d'une famille « noble appartiennent à la famille *privativement et à l'exclusion de* « *tout autre;*

« Le second, que les enfants ne sont point de la famille dont leur « mère est issue, mais de celle du père ; qu'ainsi la mère ne peut « communiquer son nom et ses armes à ses enfants, lorsqu'il y a « des mâles de sa famille qui s'y opposent;

« Le troisième, qu'une mère ne peut imposer à son fils la condi- « tion de porter son nom seul et ses armes seules, sans lettres du « souverain qui permettent de changer de nom ;

« *Le quatrième, que les lettres étant toujours accordées sous cette* « *condition* SOUS-ENTENDUE, *pourvu que cela ne préjudicie pas au droit* « *acquis à un tiers, ne s'exécutent point, lorsqu'il y a des mâles inté-* « *téressés qui s'opposent à ce changement.* »

La condition sous-entendue, c'est la grande réserve : *sauf le droit d'autrui en tout.*

Voilà des maximes incontestables et auxquelles je ne comprendrais pas qu'aujourd'hui, en 1865, on tentât, dans un procès qui intéresse les droits et les devoirs les plus sacrés, les plus respectables d'une famille, d'opposer l'autorité absolue de la souveraineté, la prétendue puissance d'une prérogative incontestable, indiscutable, omnipotente. Je le répète, c'est là un langage complétement nouveau en France ; les principes protecteurs de la sécurité de tous, de la sécurité des familles, de leurs droits les plus chers, ces principes ont-ils cessé d'exister parmi nous ? Est-ce sous de nouvelles règles que nous devons vivre? Non, assurément, il n'en est rien. Le droit nouveau n'a rien innové sur ces questions; il me serait facile de vous faire passer sous les yeux un grand nombre de décrets impériaux et d'ordonnances royales qui ont maintenu le principe absolu de la compétence spéciale, exclusive des tribunaux en tout ce qui touche des intérêts purement privés dans les actes du gouvernement, dans les actes de la souveraineté. On vous a cité, entre autres, le décret du 22 octobre 1808, l'ordonnance du 13 février 1815, celle du 19 mai 1817; ce n'est pas seulement dans ces actes législatifs que vous reconnaîtrez la consécration des principes fondamentaux et salutaires de l'autorité judiciaire compétente exclusivement quand un intérêt privé est engagé. Consultez les monuments de la jurisprudence moderne : je n'en citerai qu'un petit nombre ; il en est un, entre autres, qui doit jeter sur ce débat une lumière qui dissipera tous les doutes, c'est l'arrêt rendu par la Cour de cassation, le 19 juillet 1827, sous la présidence de M. Henrion de Pansey.

Cet arrêt proclamait :

« Que ce fut une maxime incontestable de notre droit public, « que *les rois de France furent* DANS L'HEUREUSE IMPUISSANCE de porter « aucune atteinte aux propriétés de leurs sujets.

« Ainsi, dans les arrêts du Conseil portant quelques concessions « au profit des particuliers, on lisait cette formule par laquelle ils « terminaient: « *sauf notre droit en autres choses, et l'autrui en tout,* » « CLAUSE TOUJOURS SUPPOSÉE, LORS MÊME QU'ELLE N'ÉTAIT PAS ÉCRITE, de « manière que les arrêts n'avaient aucune efficacité, s'ils n'étaient « revêtus de lettres-patentes qui devaient être enregistrées dans les « Cours souveraines, lors duquel enregistrement les parties inté- « ressées et qui pouvaient se prétendre lésées dans ces actes par « l'autorité publique, avaient la faculté de former opposition, et le « Parlement, saisi par cette opposition, statuait contradictoirement « sur les moyens respectifs. »

Elle est sérieuse, et je pense décisive pour vos esprits, cette déclaration de principes émanée de la Cour suprême, sous la présidence d'un des plus illustres magistrats des temps modernes, et peut-têre le dernier de nos grands jurisconsultes.

Mais c'est votre propre jurisprudence que je veux invoquer, en remettant sous vos yeux un de vos jugements, rendu le 25 juillet 1834 et confirmé par arrêt de la Cour royale, en 1836 (1). Permettez-moi de vous en donner lecture entière :

« Attendu qu'il est hors de doute qu'en présence d'une ordonnance rendue en matière contentieuse ou réglementaire qui lèse les intérêts des citoyens, les tribunaux doivent s'abstenir, par respect pour le principe de la division des pouvoirs administratif et judiciaire ;

« Qu'en effet, dans le premier cas, le tiers qui n'a pas été appelé peut former tierce-opposition dans la forme déterminée par les règlements de la juridiction contentieuse du Conseil d'État ;

« Que, dans le second cas, l'article 40 du règlement du 22 juillet 1806 offre encore un recours possible, soit devant une section du Conseil d'État, soit devant une commission nommée par le Roi ;

« Que toutefois, dans ce dernier cas, c'est-à-dire d'une ordonnance statuant par voie réglementaire, *les tribunaux doivent examiner si cette ordonnance est rendue dans les limites tracées par la loi*, et dans la vue d'en procurer l'exécution ;

« Que si l'ordonnance est contraire à la loi, les principes de notre droit public, constaté par la jurisprudence la plus constante, font *un devoir aux magistrats, gardiens de la loi, de ne pas s'arrêter à une pareille ordonnance ;*

« Que *c'est surtout alors qu'il s'agit d'une ordonnance qui statue en matière purement gracieuse, que ces derniers principes sont néeessairement applicables*, lorsque cette ordonnance lèse les droits des citoyens; qu'en effet, comme il n'existe pas de recours possible contre un pareil acte, *les tribunaux manqueraient à leur devoir* s'ils laissaient les citoyens sans protection dans un pareil cas ;

(1) Sirey, année 1836, 2e partie, page, 88.

« Attendu que l'*ordonnance dont il s'agit au procès n'est ni contentieuse ni réglementaire*, et qu'elle statue par voie purement gracieuse, *sur un exposé inexact, en l'absence de la partie intéressée*, hors des formes statuées par la loi, et dans l'ignorance des droits qu'on ne signalait pas au souverain ou plutôt à son ministre responsable ;

« Attendu que cette ordonnance est à la fois contraire à la Charte et aux lois ;

« Par ces motifs, etc. »

Ce jugement n'avait à statuer que sur la réclamation d'un intérêt pécuniaire. Mais qu'il s'agisse d'une somme d'argent, d'un lambeau de terre, ou d'un vaste domaine, ou d'un intérêt immatériel, d'une propriété morale comme celle du nom de famille, quelle que soit la nature de l'intérêt privé qui est lésé par un acte de la souveraineté, les principes sont les mêmes, votre devoir est le même. Ne perdez pas de vue votre propre décision ; *c'est surtout alors qu'il s'agit d'une ordonnance* (ou d'un décret) *qui statue en matière purement gracieuse que les principes sont nécessairement applicables, lorsque cette ordonnance lèse les droits d'un citoyen ;..... les tribunaux manqueraient à leur devoir s'ils laissaient les citoyens sans protection dans un pareil cas.*

Jamais les principes qui constituent l'autorité spéciale et indépendante, dont vous êtes investis, n'ont été formulés en termes plus précis et plus clairs.

Le Tribunal de la Seine les a maintenus solennellement dans une occasion plus récente. Lorsque les princes de la maison d'Orléans réclamèrent les droits de la propriété privée contre le décret du 22 janvier 1852, qui ordonnait l'annexion au domaine impérial des biens personnels du roi leur père, la question de compétence fut soulevée par l'administration et soutenue par le ministère public, le Tribunal statua en ces termes :

« Attendu que les membres de la famille d'Orléans procèdent, comme propriétaires des domaines de Neuilly et de Monceaux, soit en vertu de la donation du 7 août 1830, soit en qualité d'héritiers de leur père, et pour partie de la princesse Adélaïde, leur tante, soit en vertu d'une jouissance prolongée depuis plus de vingt ans, et pouvant fonder la prescription ;

« Attendu que leur action a pour objet la propriété de ces deux domaines ;

« *Attendu que les tribunaux ordinaires sont exclusivement compétents pour statuer sur les questions de propriété,* de validité de contrat, de prescription ;

« Que ce principe a toujours été appliqué, aussi bien à l'égard de l'État, qu'à l'égard des particuliers ;

« *Qu'ainsi au Tribunal seul il appartient d'apprécier les titres des parties, et d'appliquer la loi aux faits qui donnent lieu au procès ;*

« Se déclare compétent ; retient la cause, et condamne le préfet de la Seine aux dépens de l'incident. »

Après vous avoir rappelé vos propres décisions je n'ai pas besoin de vous inviter à méditer sur les motifs des arrêts de la Cour de Nancy, 26 juillet 1827, de la Cour de Metz, 25 février 1829.

Vous ne déserterez pas ces invariables traditions de l'autorité judiciaire en France, sous l'ancien régime, sous la Restauration, le Gouvernement de Juillet et les premiers temps du nouvel empire. En 1852 la réclamation des droits de propriété privée des princes d'Orléans était portée contre un acte du chef de l'État qui s'était réservé alors, jusqu'à la puissance législative; le décret était rendu avec tout l'appareil d'une autorité dictatoriale, mais il portait atteinte à des intérêts privés, et rien n'a prévalu dans le sein du Tribunal contre le sentiment de son devoir, le respect de l'autorité spéciale dont il est investi, et la dignité de son indépendance.

Je ne parle pas des insinuations politiques dont on cherche vainement à troubler vos esprits ; mais comment peut-on espérer vous déterminer à consacrer sans examen les dispositions d'un décret impérial qui porte atteinte aux droits d'une famille, en invoquant le principe de la division des pouvoirs?

C'est précisément parce que la séparation des pouvoirs publics est un principe fondamental de notre existence sociale, que chacun d'eux doit se mouvoir avec une entière liberté dans le domaine qui lui est propre.

A vous et à vous seuls l'application des lois en ce qui touche aux intérêts individuels des citoyens; à vous et à vous seuls le règlement des questions de propriété privée; à vous et à vous seuls la protection des droits et de l'honneur des familles; à vous il appartient de maintenir le droit des tiers, l'*autrui* lésé par les dispositions d'un acte de la souveraineté. Ah! vous n'abdiquerez pas cette sainte autorité de la justice, haute garantie et noble refuge de la sécurité de tous.

Nous n'avons donc plus à examiner, à vrai dire, qu'un point de fait. Le décret du 14 mai dispose-t-il d'un droit de propriété privée? En octroyant à M. Adalbert de Périgord le titre de duc, en vertu du droit que l'Empereur s'est réservé d'accorder des titres de noblesse comme distinctions honorifiques, le décret ne confère-t-il pas le nom de Montmorency, sans l'assentiment et contre le gré de la famille à laquelle ce nom appartient en propre ?

Le nom de Montmorency est-il en effet un nom propre, dans l'acception légale de ce mot, est-ce le nom patronymique qui distingue de toutes les autres familles les membres de cette illustre maison?

On reconnaît que c'est une erreur vulgaire qui a donné à croire que le nom de Bouchard était le nom originaire des Montmorency. Bouchard ne fut qu'un prénom, un nom de baptême porté par quelques-uns des ancêtres de ceux pour qui j'ai l'honneur de parler. Nous voyons que leurs fils, alors que dans notre histoire il n'y avait pas encore de nom de famille, se distinguaient alternativement par les prénoms de Bouchard, de Thibaut, d'Albéric, de Mathieu. Le nom de baptême de Bouchard était porté par bien d'autres familles, tels furent les Bouchard de Vendôme, les Bouchard d'Aubeterre. Les Montmorency ne sont pas plus des Bouchard que les Talleyrand, se rattachant à la maison souveraine de Périgord, ne sont des Boson, prénom de baptistère donné le plus souvent aux seigneurs de Périgord, et qui est encore, je crois, porté par le frère aîné de M. Adalbert

L'antiquité du nom des Montmorency est établie par les documents historiques les plus authentiques. Nous lisons dans le *Recueil des historiens* des Gaules et de la France, tome 10, page 303 : qu'au Xe siècle, le roi Robert fit démolir un château fort que Bouchard le Barbu possédait dans une île de la Seine et qu'il l'autorisa à en construire un autre appelé *Montmorancy* :

« Hic Robertus castigavit quemdam Bouchardum Alabarbe prop-
« ter castrum quoddam quod habebat, quod demolitum fuit et fac-
« tum aliud vocatum Montmorancy (1). »

Une charte du roi Robert, de l'an 998, constate ce fait et nous apprend que la nouvelle forteresse fut construite à trois lieues de l'abbaye de Saint-Denis, sur le fief qu'on appelle Montmorency.

« Submovemus omnem oppressionem... præcipuè Burchardi co-
« gnomento barbati... qui... in insulâ Sequanæ tenebat munitio-
« nem... cùm Burchardus à nobis submonitus esset,... nostro regali
« decreto eversum iri ipsam munitionem per fideles nostros man-
« davimus... ad bonum concordiæ, munitionem ei firmari conce-
« dentes, quam *monmaurenciacum* dicunt, fermè tribus leugis a
« castello St Dionysii (2). »

Ce fief de Montmorency était possédé depuis longtemps par la famille de Bouchard-le-Barbu ; un diplôme accordé en l'année 958 par le roi Lothaire, descendant et successeur de Charlemagne, approuve et confirme l'établissement d'un monastère qu'avait fondé un autre Bouchard, fils d'Albéric, qui avait donné à ce couvent de grands biens et, entre autres, deux moulins dépendant de la seigneurie ou baronnie de Montmorency.

« Notum fieri volumus quod Burchardus filius Alberici ducis...
« observans ut quoddam monasterium quod ipse constituerat...
« perpetuum et firmum fore concederemus... concessimus... ut

(1) Ex *Chronicâ regum Francorum*.
(2) *Recueil des historiens*, tome X, page 533.

« quæcumque à præfato Burchardo donata sunt, videlicet villam « Brajacus et duos molendinos apud villam quæ dicitur *Monsmo-« rencius*, quietè possideant monachi... etc. (1). »

Il ne serait pas sans intérêt de connaître l'origine de ce nom de *Monsmorencius*. Les monuments de l'histoire de France ne nous enseignent rien de positif à cet égard, nous n'avons que les traditions incertaines des légendaires dont il est dit quelques mots par Moréri dans son dictionnaire historique. Suivant ces traditions, l'un des seigneurs possesseurs du fief aurait reçu le prénom de *Morencius* en mémoire des victoires qu'il avait remportées contre les *Mores* au temps de Charlemagne et de Charles-le-Chauve (2). Je vois, en effet, dans les annales d'Eginhard, historien contemporain de Charlemagne, que ce prince envoya *Burchardus, Comes stabuli*, avec une flotte, en Corse, contre les Maures d'Espagne et d'Afrique, qui étaient venus ravager cette île et la Sardaigne et les côtes de l'Italie; que Bouchard les défit, en tua un grand nombre et brûla leurs navires. Ces victoires contre les Maures se renouvelèrent sous le règne de Charles-le-Chauve, et dans une charte attribuée à ce roi, sous la date de 845, on lit ces mots : « Propter bona servitia quæ nobis « fecit *contrà Mauros de Corsicâ* nobilis consanguineus noster Bur-« chardus dux (3). »

Les possesseurs du fief de Montmorency ont-ils pris le nom de cette seigneurie, ou au contraire lui ont-ils donné leur nom ou surnom, comme il y a tant d'exemples dans les origines de notre noblesse française? De plus savants que moi adoptent cette dernière opinion, et ce ne serait pas, Messieurs, sans importance dans cette cause, quant à la distinction que l'on veut faire du nom de famille et du nom de la seigneurie, mais nous l'ignorons. Quoi qu'il en soit, tous les généalogistes, notamment le père Anselme et Lachesnaie

(1) Tome IX du *Recueil des historiens*, page 622.

(2) Comme Scipion fut appelé l'Africain.

(3) *Recueil des historiens*, tome VIII, page 471.

des Bois, nous enseignent que depuis le dixième siècle Bouchard le Barbu fut la tige de ce grand arbre dont sont issues, par descendance directe et masculine, plus de trente branches sur lesquelles tous les enfants, fils et filles, ont vaillamment porté, pendant neuf siècles, le nom de Montmorency. C'est bien là, s'il en fut jamais au monde, quelle qu'en soit l'origine, un véritable nom de famille, un nom patronymique inaliénable, incessible, qui ne peut être acquis que par la naissance, dont nul ne peut disposer, que nul ne peut usurper impunément, et qui ne saurait être transmis par un acte de la puissance souveraine au mépris des droits de la famille, sans que ce soit pour vous, Messieurs, un devoir de réparer, par autorité de justice, une telle atteinte portée à la propriété privée.

Mais, dit M. Adalbert de Périgord, ce n'est pas du nom de famille, que ma mère n'a pu me transmettre, que j'ai sollicité la concession; c'est un titre ducal, éteint en 1862, qui m'a été concédé par le chef de l'État, et quoique le nom de Montmorency soit attaché à ce titre, le titre ducal est distinct du nom patronymique; il faut reconnaître cette distinction du titre et du nom. La collation du titre est dans le droit supérieur du souverain; son décret ne peut pas recevoir le caractère de l'attribution du nom d'une famille, et n'est pas entaché du vice d'atteinte à la propriété privée.

Examinons donc, Messieurs, en face des faits historiques et des dispositions des lois qui nous régissent, l'allégation que cette concession du titre de duc de Montmorency n'est pas aujourd'hui la concession du nom de Montmorency. Montrons la confusion des temps et des choses dans cette prétendue distinction du nom et du titre, et réduisons cette subtilité inattendue à ce qu'elle doit être sous notre législation et devant la raison publique.

Qu'est-ce que le titre de duc de Montmorency aujourd'hui concédé à M. Adalbert de Périgord? Ainsi que je vais vous le démontrer, ce serait, aux termes du décret impérial, le titre féodal attaché en 1551 à la possession du fief érigé alors en duché-pairie.

Permettez-moi de relire le décret du 14 mai 1864 :

« Vu la requête présentée au nom de M. de Talleyrand-Périgord (Nicolas-Raoul-Adalbert), né à Paris le 28 mars 1837, tendant à obtenir la concession *du titre héréditaire de duc de Montmorency, conféré,* suivant lettres-patentes du roi Henri II, du mois de février 1551, *transmis une première fois par le roi Louis XIV,* en vertu de lettres-patentes du mois d'octobre 1689, à Charles-François-Frédéric de Montmorency-Luxembourg, prince de Tingry; *une seconde fois par le roi Louis XV,* par lettres-patentes de décembre 1767, à Anne-Léon de Montmorency, marquis de Fosseux, et à ses enfants mâles à naître, et descendants de mâle en mâle en légal mariage, et *recueilli en* 1846 par son oncle maternel, M. Louis-Raoul-Victor, dernier descendant mâle du marquis de Fosseux, décédé sans postérité le 18 août 1862, en la personne duquel s'est éteint le titre de duc de Montmorency.

. . . .

« Avons décrété et décrétons ce qui suit :

« Art. 1er. Nous concédons à M. de Talleyrand-Périgord (Nicolas-
« Raoul-Adalbert) pour en jouir, lui et sa descendance directe lé-
« gitime de mâle en mâle, et par ordre de primogéniture, le titre
« de duc de Montmorency qui s'est éteint en la personne de son on-
« cle maternel, etc. »

Il y a presque autant d'erreurs que de mots dans les motifs de ce décret empruntés à l'exposé de M. Adalbert de Périgord. J'en demande pardon à MM. les membres du Conseil du sceau des titres, s'ils ont été d'avis du décret, ils ont bien mal avisé l'Empereur.

C'est improprement que l'on dit que le titre héréditaire de duc de Montmorency aurait été conféré en 1551 ; le grand connétable Anne de Montmorency n'a point été créé duc ; on ne conférait point alors de titres personnels de duc. Ce même titre de 1551 n'a point été transmis par Louis XIV ou par Louis XV, il n'a pas été recueilli en 1846, et ce n'est pas en 1862 qu'il s'est éteint.

Ainsi que l'ordonnance sur laquelle vous avez prononcé le jugement de 1834, le décret du 14 mai a été rendu *sur un exposé inexact et hors de la présence des parties intéressées.*

Pour rentrer dans la vérité et arriver à comprendre et reconnaître ce que fut le titre ducal de 1551, relisons les lettres-patentes du roi Henri II :

« Sçavoir faisons que *ayant regard à ce que la baronnie de Montmorency est la première baronnie de France dont sont tenus et mouvants bon nombre de beaux fiefs et arrière-fiefs, aucuns desquels sont tenus et possédés par notredit cousin*, ainsi que nous avons bien voulu savoir de lui, et davantage il a auprès et joignant dudit Montmorency les chastel, terre et seigneurie d'Écouen, sous le ressort de notre baillage de Senlis, en lesquels lieux d'Écouen et Chantilly, il y a deux des plus belles maisons et aussi excellemment bâties que nulles autres de notre royaume, et *pour autant que la baronnie avec lesdits fiefs et arrière-fiefs qui en dépendent, et sont possédés par notredit cousin*, et aussi lesdites terres et seigneuries d'Écouen, Montespillouer, Champversi, Courteil, Vaux-le-Creil, Tillays, le Plessis et la Villeneuve, leurs appartenances et dépendances, *joint et uni que le tout soit ensemble* l'on peut tirer, ainsi que nous sommes dûment avertis, un revenu annuel qui est suffisant et capable de recevoir, maintenir et entretenir *les noms, titres*, et *dignités de duché.*

« Pour ces causes . . . , *joignons, unissons et incorporons à ladite* « *baronnie de Montmorency*, du vouloir et consentement de notredit « cousin, *lesdites terres et seigneuries* d'Écouen, Chantilly, Montes- « pillouer, Champversi et autres dessus nommées, leursdites ap- « partenances et dépendances, et *laquelle baronnie avec les fiefs* « *et arrière-fiefs qu'en tient et possède notredit cousin étant ainsi réu-* « *nie et augmentée* par le moyen desdites adjonction, union et incor- « poration, *avons créé et érigé, créons et érigeons en titre, nom et di-* « *gnité et prééminence de duché et pairie de France, voulons et nous* « *plaît, lesdites baronnie, terres et seigneuries, être dorénavant dites* « *et appelées duché et pairie, pour en jouir et user par notredit cousin* « *Anne de Montmorency*, et après son décès par ses hoirs et succes-

« seurs mâles, sieurs dudit Montmorency, à toujours perpétuelle-« ment *en titre de duc et pair de France*, et tout ainsi que les autres « ducs et pairs en jouissent et usent. » Que contiennent donc ces lettres-patentes de 1551 ? L'érection d'un grand fief par la réunion à la baronnie de Montmorency des fiefs et arrière-fiefs qui sont dans sa mouvance et de plusieurs autres terres et seigneuries. Ce sont ces dites baronnie, terres et seigneuries, qui *seront dorénavant dites et appelées duché-pairie*, et pour autant qu'elles sont tenues et possédées par Anne de Montmorency, il aura le droit *d'en jouir et user en titre de duc et pair de France*. Ce titre ducal est réel, territorial, inhérent à la possession de la baronnie avec les fiefs, arrière-fiefs et seigneuries qui y sont réunis.

Cette possession fut transmise par le Connétable à son fils et par celui-ci à son petit-fils Henry, deuxième du nom. Au mois d'octobre 1632, Henry de Montmorency est condamné par arrêt du Parlement de Toulouse à monter sur l'échafaud que Richelieu avait fait dresser. L'arrêt déclare le duché de Montmorency éteint et aboli. Toutes les terres et seigneuries qui le constituaient, sont confisquées judiciairement et dévolues au Roi. De ce jour fatal il n'y a plus de duc de Montmorency ; ce n'est pas parce que la main du bourreau a épuisé tout le sang du petit-fils d'Anne le Connétable, c'est parce qu'il n'y avait plus de duché de Montmorency, il était aboli et ne fut transmis à personne.

Qu'est-il advenu à la suite de cette abolition du duché et de la mort de son possesseur ? Au mois de mars 1633, on enregistrait au Parlement et à la Chambre des comptes de Paris, des lettres-patentes portant « don des biens confisqués sur Henry duc de Montmorency, « par arrest du Parlement de Thoulouze du 30 octobre 1632, à « Charlotte de Montmorency, épouse de Charles de Valois, duc « d'Angoulême, Marguerite de Montmorency, épouse d'Anne de « Lévis, duc de Ventadour, et à Charlotte-Marguerite de Montmo-« rency, épouse d'Henry de Bourbon, prince de Condé, exceptez la « seigneurie de Chantilly et le comté de Dammartin, etc. »

En suite de cette donation et de ce partage des biens qui avaient été réunis pour former l'ancien duché de Montmorency, la portion attribuée à Mme la princesse de Condé va être érigée en duché-pairie, non par transmission de la pairie abolie, mais par titre d'érection nouvelle. Tel est l'objet d'autres lettres-patentes du roi Louis XIII ; nous y lisons :

« Le titre de duché-pairie de la terre et seigneurie de Montmorency, ayant esté déclaré esteint et supprimé par arrest rendu au Parlement de Thoulouze, le 30 octobre dernier, et les biens du feu duc de Montmorency à nous acquis et confisquez, comme notre intention n'a point esté de profiter desdits biens, ains d'en gratiffier ses héritiers, spécialement en faveur de nos très-chers et très-amez cousin et cousine le prince et la princesse de Condé, auxquels nous avons donné, quitté, et remis *partie desdits biens* ainsi à nous acquis, et voulant témoigner combien les services de nostredit cousin nous sont agréables, et *désirant que ladite terre de Montmorency par nous à eux délaissée ne soit par eux tenüe sous moindre titre, dignité et qualité qu'elle a esté par les prédecesseurs ducs de Montmorency*, ni ledit arrêt avoir lieu en ce regard, ains plustôt *augmenter et amplifier la dignité deladite terre* en considération de l'honneur que nostre dit cousin et cousine ont de nous approcher de parenté de si près.....

« Avons par ces présentes signées de nostre main, et de nostre grâce spéciale, pleine puissance et autorité royale icelle terre et seigneurie de Montmorency, *avec les terres unies et incorporées à icelle...* DE NOUVEAU *créé et érigé, créons et érigeons en titre qualité, dignité et prééminence de duché et pairie de France pour en jouir et user* par nostre dit cousin et cousine les prince et princesse de Condé, et après leur déceds par leurs hoirs et successeurs masles et femelles, seigneurs dudit Montmorency, à toujours perpétuellement en titre de duc et pair de France. »

« Nous avons fait mettre nostre scel à cesdites présentes, sauf en autres choses nostre droit, et l'autruy en toutes. »

Ainsi en 1632 le duché érigé en 1551 est aboli, le titre ducal est éteint. Mais par les lettres-patentes de 1633, la terre et seigneurie de Montmorency est, *en partie*, de nouveau érigée en duché-pairie, en dehors de la famille de Montmorency dont le nom patronymique survivait en la personne d'un très-grand nombre de ses membres. Alors vivaient en effet François de Montmorency, marquis de Thury, baron de Fosseux; le jeune François-Henry de Montmorency, comte de Bouteville, qui fut depuis le grand maréchal de Luxembourg; François de Montmorency, seigneur de Châteaubrun; son frère Charles, seigneur de Neuvy; Pierre de Montmorency, seigneur de Lauvesse; Eugène de Montmorency, prince de Robecque; Hugues de Montmorency-Laval et plusieurs autres. Le prince de Condé était devenu duc de Montmorency. Le titre ducal est à cette époque distinct du nom de famille, il est vrai, mais n'oubliez pas, Messieurs, la teneur expresse des lettres-patentes données par Louis XIII; la terre et seigneurie de Montmorency est de nouveau, en 1633, *créée* et érigée en duché-pairie en faveur du prince et de la princesse de Condé, le Roi *voulant que ladite terre de Montmorency par nous à eux délaissée ne soit par eux tenue en moindre titre, qualité et dignité, ains plustost augmenter et amplifier la dignité de ladite terre*, c'est au droit de propriété et à la possession de ce grand fief qu'est attaché le *droit d'en jouir et user en titre de duc et pair de France.*

Ici se comprend l'existence du titre ducal de Montmorency inhérent à la propriété réelle et territoriale du duché, mais distinct du nom patronymique de la maison de Montmorency.

Telle n'est pas la distinction dérisoire que M. Adalbert de Périgord voudrait vous faire admettre aujourd'hui.

Plus tard, d'autres duchés-pairies sont entrés dans la maison de Montmorency, mais non point par les prétendues transmissions du titre ducal de 1551 alléguées dans le décret du 14 mai.

En l'année 1661, François-Henri de Montmorency épousa Magdeleine-Charlotte de Luxembourg, dont la mère, Marguerite de Luxembourg, duchesse de Piney, se démit en sa faveur de ses titres et de sa seigneurie de Piney, érigée en duché-pairie par le roi Henri III en 1576, à condition que son gendre porterait le nom et les armes de Luxembourg.

Ce mariage et cette transmission du duché de Piney furent approuvés et confirmés par lettres-patentes de la même année, et, en 1662, François de Montmorency, duc de Luxembourg et de Piney, fut reçu au Parlement en qualité de duc et pair de France.

Ce titre de duc de Piney se perpétua dans la branche des Montmorency-Luxembourg, ducs de Châtillon. La veuve du dernier de ces ducs est intervenante en ce procès.

Au mois de mars 1688, Charles-François-Frédéric de Montmorency-Luxembourg, fils de l'illustre maréchal de Luxembourg, acheta le duché de Beaufort et obtint de Louis XIV la confirmation de l'érection qu'Henry IV avait faite de cette duché-pairie en 1597 en faveur de César de Vendôme.

Les lettres-patentes de Louis XIV, qui conférait un nouveau titre ducal dans la maison de Montmorency, sont du mois de mai 1688. Veuillez en écouter la lecture, c'est une magnifique légende des titres d'honneur des Montmorency.

« Louis, par la grâce de Dieu, roi de France et de Navarre, à tous présents et à venir, salut.

« Nous avons toujours désiré de conserver les premières maisons de notre royaume dans les titres, honneurs et dignités dont elles ont joui, et de les augmenter lorsqu'elles l'ont mérité par leurs services; et considérant que notre très-cher et bien-amé cousin Charles-François-Frédéric de Montmorency-Luxembourg, prince de Tingry, est issu d'une des plus illustres qui a donné à l'État plusieurs personnes recommandables par leur vertu et par leur valeur, qui ont possédé les premières charges depuis plusieurs siècles, particulièrement Albéric de Montmorency qui, du règne de Henri Ier, posséda la charge de connétable de France; Thibaut, seigneur de Montmorency, lequel fut revêtu de la même charge en 1083; Mathieu Ier, qui en fut honoré du règne de Louis-le-Jeune, et Mathieu II pareillement, sous le règne de Philippe-Auguste, lequel releva en sa personne la dignité et l'éclat de cette grande charge, qui a passé depuis à Anne de Montmorency, maréchal et grand-maître de France, et ensuite à Henry, maréchal de France, qui fut honoré de la même charge de connétable en 1593.

« A l'imitation de tous lesquels et de plusieurs autres de la même maison, qui ont été maréchaux et amiraux de France, notre très-cher et très-amé cousin François-Henri, de Montmorency, duc de Luxembourg et de Piney, pair et maréchal de France, capitaine de la première et plus ancienne compagnie française des gardes de notre corps, père de notre dit cousin le prince de Tingry, a donné en toutes occasions des marques de son grand courage, et de son affection pour notre service; car après avoir rempli plusieurs emplois de guerre convenables à son âge et à sa qualité, nous fîmes choix de lui lorsque nous déclarâmes la guerre à l'Espagne, en 1667, pour servir en qualité de lieutenant-général en notre armée en Franche-Comté. »

Ici le roi rappelle le commandement en chef de l'armée confédérée dans la guerre contre la Hollande, les siéges de Groot et de Deventer, les conquêtes dans les provinces unies, les siéges de Valenciennes, de Cambray, de Charleroi, le combat de Senef, les batailles de Castel et de Saint-Denis; il ne peut pas, en 1688, parler des grandes victoires de Steinkerque et de Nerwinde, mais, Messieurs, qu'il est touchant de voir Louis XIV effacer ainsi la tache sanglante de Toulouse; rien n'est plus beau que ce respect majestueux du grand roi pour les grands hommes qui ont servi la France, pour les antiques illustrations de la patrie, rien n'est plus royal que ce soin d'en consacrer les glorieux souvenirs.

Louis XIV n'avait pas oublié les libres enseignements qu'un digne magistrat lui avait donnés au jour de sa majorité, et je me les rappelle, ces belles paroles d'Omer Talon :

« *Sire, la grandeur de l'État et la dignité de votre couronne se mesurent par la qualité des hommes qui vous obéissent !* »

Les lettres-patentes se terminent en disant :

« Et comme nous avons lieu d'espérer que notre dit cousin le prince de Tingry, auquel nous reconnaissons plusieurs rares qualités... suivra l'exemple de son père et de tant d'illustres ayeux, et soutiendra l'éclat de cette grande maison.....

« Toutes ces considérations nous ont porté à joindre aux titres et honneurs que la naissance lui donne, celui de duc, *laquelle dignité nous avons voulu laisser à la terre et duché de Beaufort*, étant bien aise que *cette terre* qui a été ci-devant érigée en duché et pairie par lettres du roi Henri IV notre ayeul de glorieuse mémoire, du mois de juillet 1597, en faveur de son fils naturel César de Vendôme, *continue à porter le titre de duché* en faveur de notre dit cousin le prince de Tingry et de ses descendants.

« A ces causes...

« Agréons et *approuvons l'acquisition faite par notre dit cousin le prince de* Tingry *dudit duché de Beaufort*, et ledit duché, circonstances et dépendances, avons de nouveau créé, élevé, et érigé, créons, élevons et érigeons en titre, nom et dignité de duché, *pour en jouir* par *notre dit cousin* le prince de Tingry, ses enfants et descendants, tant mâles que femelles, nés et à naître en légal mariage, à perpétuité, avec tous les honneurs, rang, prérogatives et prééminences y appartenant.

« Sans qu'au moyen de la présente érection dudit duché, et à défaut d'hoirs mâles et femelles, ledit duché puisse être par nous ni par nos successeurs Rois réuni à la couronne, en conséquence des édits et déclarations des années 1566, 1579, 1581, et 1582, auxquels en faveur de notre dit cousin le prince de Tingry nous avons dérogé et dérogeons par ces dites présentes, sans laquelle dérogation et condition notre dit cousin n'eût voulu accepter notre présent don, grâce et libéralité, et consentir à la présente continuation et création. »

Cette dernière clause est digne de remarque : en cas d'extinction de descendance mâle ou femelle le duché ne fera pas retour à la couronne.

Les autres dispositions de ces lettres-patentes méritent toute votre attention.

Le roi approuve l'acquisition du duché de Beaufort, il veut que cette terre continue à porter le titre de duché, *laquelle dignité nous avons voulu laisser à la terre et duché de Beaufort pour en jouir par notre dit cousin et ses enfants et descendants à perpétuité, avec tous les honneurs, rangs, prérogatives et prééminences y appartenant.*

Les honneurs et le rang appartiennent à la terre, la jouissance du titre ducal est attachée à la possession du duché : ce titre ducal est réel, c'est le titre d'un grand seigneur terrien, titre qui, en cas d'extinction, ne pourrait pas être relevé en dehors de sa nature et des conditions qui l'ont constitué.

Le duché de Beaufort changea de nom peu après sa nouvelle érection et ce changement de nom est un fait important dans la cause actuelle.

Je ne veux pas discuter cette délibération créée par la fantaisie de notre adversaire, qu'on vient de vous produire sous la forme d'un dialogue imaginaire et presque burlesque entre le jeune Montmorency-Luxembourg, duc de Beaufort, et le fils du grand Condé, duc de Montmorency.

Interrogeons les documents historiques.

Le héros de Rocroy était mort en 1686 ; jusqu'alors son fils Henry-Jules de Bourbon avait porté, depuis sa naissance, le nom de duc d'Enghien. Ce nom avait été immortalisé par son père, il demanda à Louis XIV de l'attacher à la duché-pairie de Montmorency ; ce fut l'objet des lettres-patentes du mois de septembre 1689. Elles rappellent l'abolition du duché de Montmorency érigé en 1551 ; la nouvelle érection de ce duché en 1663, en faveur du prince et de la princesse de Condé, pour en jouir par eux et leurs hoirs successeurs, *ce qu'ils ont fait sans aucun changement,* puis il est écrit auxdites lettres :

« Mais à présent que nostredit cousin le prince de Condé a bien « voulu consentir en faveur de nostre cousin Charles-François- « Frédéric de Montmorency-Luxembourg, que le duché de Beaufort « portast à l'avenir le nom de Montmorency, nostredit cousin le « prince de Condé nous a très-humblement supplié de changer le « nom dudit duché et pairie de Montmorency dont il est proprié- « taire en celui d'Anguien, pour sous ledit nom posséder le même « duché et pairie, avec les mesmes honneurs, titres, dignités, ap- « partenances et dépendances, comme il en a joui sous le nom de « duché et pairie de Montmorency, et, à cet effet, lui accorder nos « lettres à ce nécessaires.

« A ces causes...

« Nous avons changé et commué, changeons et commuons par « ces présentes signées de nostre main le nom dudit duché en pairie « d'Anguien, et *voulons que la ville de Montmorency, qui est la ca- « pitale dudit duché, soit appelée Anguien;* permettant à nostredit « cousin et à ses sucesseurs masles et femelles, *seigneurs dudit « duché et pairie*, de se dire et nommer duc d'Anguien et pair de « France...

« Pourvu toutefois que ledit changement de nom ne préjudicie à « nos droits, ni à ceux d'autrui. »

Le duché de Montmorency, appelé désormais duché d'Enghien, a été possédé héréditairement par les princes de la maison de Condé. Les débris des terres et seigneuries qui constituaient ce duché sont aujourd'hui la propriété de l'héritier des Condés. Le titre ducal porté glorieusement par ces princes jusqu'au commencement de ce siècle, s'est éteint sans transmission, et pour le relever il faut descendre dans les fossés de Vincennes.

A la suite des lettres-patentes de septembre 1689 furent délivrées celles du mois d'octobre de la même année; elles sont ainsi conçues :

« Par nos lettres du mois de mai 1688, registrées en nostre Cour de Parlement, le 13 juillet de la même année, nous avons créé de nouveau, et érigé en faveur de notre très-cher et bien amé cousin Charles-François-Frédéric de Montmorency-Luxembourg, prince de Tingry, le duché de Beaufort pour en jouir par lui et ses descendants à perpétuité..... Depuis lequel temps notre très-cher et très-amé cousin le prince de Condé, ayant fait changer le nom du duché de Montmorency à lui appartenant, en celui d'Anguien, nostre dit cousin le prince de Tingry, qui désire de *faire appeler le duché de Beaufort de son nom de Montmorency*, nous aurait très-humblement supplié d'agréer que ledit duché de Beaufort portât aussi à l'avenir le nom de Montmorency, et de lui accorder nos lettres de permission et de commutation à ce nécessaires. A ces causes, voulant en toute occasion traiter favorablement notredit cousin Charles-François-Frédéric de Montmorency-Luxembourg, de notre grâce spéciale, pleine puissance et autorité royale, nous avons commué et changé, commuons et changeons par ces présentes signées de notre main, le nom dudit duché de Beaufort en celui de Montmorency, duquel nous voulons et nous plaît qu'il soit à l'avenir appelé. . . . .

« *Sans que pour raison de ce changement de nom, il soit rien innové audit duché et ses dépendances....* et que ces présentes ne préjudicieront à nos droits ni à ceux d'autrui. »

Voilà donc que le duché de Beaufort est, à la demande de M. de Montmorency, revêtu du nom propre et personnel de ce seigneur. Le nouveau titre ducal n'est plus celui qui était inhérent à la possession du fief de Montmorency et qui pouvait être transmis en dehors de la famille et être distinct du nom patronymique de Montmorency, comme il le fut dans la maison de Condé. C'est le nom même de la famille qui est indivisiblement attaché au titre ducal. Le duché de Beaufort-Montmorency ne devait à l'avenir être transmis qu'à une personne portant le nom de Montmorency.

Ici prend place, dans la discussion, l'édit du mois de mai 1711.

Par cet édit, Louis XIV voulut régler diverses questions relatives aux duchés-pairies, soit *pour prévenir tous les différends qui pouvaient se former à l'avenir à l'occasion de leur érection ou de leur extinction*, soit pour mettre fin à la création de duchés femelles, et enfin pour terminer les contestations pendantes alors en la Cour du Parlement entre plusieurs ducs et pairs et M. le duc de Luxembourg.

Deux dispositions de cet édit doivent fixer votre attention. On y lit :

« Art. 5. — Les clauses générales insérées ci-devant dans quelques lettres d'érection de duchés et pairies en faveur des femelles, et qui pourraient l'être en d'autres à l'avenir, n'auront aucun effet qu'à l'égard de celle qui *descendra et sera de la maison et du nom de celui en faveur duquel les lettres auront été accordées*, et à la charge *qu'elle n'épousera qu'une personne que nous jugerons digne de posséder cet honneur*, et dont nous aurons agréé le mariage par des lettres-patentes qui seront adressées au Parlement de Paris, et qui porteront confirmation du duché en sa personne et descendants mâles; et n'aura ce nouveau duc rang et séance que du jour de sa réception audit Parlement, sur nosdites lettres. »

C'est conformément à cette disposition de l'édit que seront données plus tard les lettres-patentes de 1767.

« Art. 9. Voulons que notre cousin, le duc de Luxembourg et de Piney, *ait rang* tant en notre Cour de Parlement de Paris qu'en tous autres lieux, *du 22 mai 1662, jour de la réception du feu duc de Luxembourg, son père, en conséquence de nos lettres du mois de mars de l'an 1661*, et que les arrêts rendus les 20 mai 1662 et 13 avril 1696, soient exécutés définitivement, *sans que notre cousin puisse prétendre d'autre rang, sous quelque titre et prétexte que ce puisse être.* »

Cette date de 1661 et de 1662 est celle de l'érection encore récente du duché-pairie de Piney. Les droits de préséance et de rang après les princes du sang qui avaient été concédés aux anciens ducs de Montmorency n'ont pas plus été transmis que leur duché et leur titre ducal.

J'arrive enfin, Messieurs, aux lettres-patentes de 1767.

A cette époque, M. le marquis de Fosseux était chef de la branche aînée des Montmorency. Il était issu du second fils de Jean de Montmorency. La descendance de son frère aîné s'éteignit dans la personne du comte de Hornes, en 1570, sous les supplices du duc d'Albe; la lignée de son frère puîné, Guillaume de Montmorency, père d'Anne le grand connétable, fut tranchée sur l'échafaud de Toulouse en 1632. Les sires de Fosseux survécurent seuls à ces immenses calamités.

En 1767 Mlle de Montmorency, petite-fille du maréchal de Luxembourg, était son héritière en ligne directe, et comme fille aînée investie du duché femelle de Beaufort-Montmorency, elle dut, conformément à l'édit de 1711, demander l'agrément du Roi pour épouser son cousin le marquis de Fosseux.

Le consentement du Roi fut donné par les lettres-patentes dont je dois vous signaler les principales dispositions :

« Louis, par la grâce de Dieu, Roy de France et de Navarre, à tous présents et à venir, salut.

« Le mariage de notre très-cher et bien amé cousin Anne-Léon de Montmorency, chef des noms et armes de sa maison, avec notre très-chère et bien amée cousine Anne-Charlotte de Montmorency-Luxembourg ayant été proposé, nous avons été déterminé par les motifs les plus pressants à y donner notre agrément.

« Ledit sieur marquis de Fosseux est destiné à être le chef de cette maison.....; d'autre part, ladite demoiselle, *née de la même famille*, est la fille aînée d'un branche à laquelle le mariage de François-Henry, comte de Montmorency, duc de Luxembourg, pair et mareschal de France, avec Madeleine-Charlotte-Bonne-Thérèse de Clermont-Luxembourg, ses trisayeux, a procuré l'avantage de représenter l'ancienne maison de Luxembourg qui, par le throsne impérial qu'elle a occupé, et le grand nombre de souverains qui en sont issus, a été une des plus distinguées de l'Europe.....

« Rien n'était plus convenable que de former ce nouveau lien, qui, à la branche aisnée des Montmorency, unira celle où avec un sang aussi noble celui de Luxembourg est meslé.....

« Et comme rien ne contribue davantage à la prospérité de l'État que le maintien des familles illustres dont la splendeur se soutient par la perpétuité des titres d'honneur qui les décorent, nous avons jugé qu'il était de notre justice de confirmer en faveur dudit mariage et de *continuer dans la personne de notredit cousin*, le marquis de Fosseux, *les titres et dignités* dévolus à ladite demoiselle de Montmorency-Luxembourg par sa naissance.

« A ces causes et autres grandes considérations à ce nous mouvants, après avoir lu les lettres-patentes données à Paris au mois de may 1688, par lesquelles notre auguste bisayeul, de glorieuse mémoire, pour recompenser les grands services de François-Henry de Montmorency-Luxembourg, pair et mareschal de France, et ceux de Charles-François-Frédéric de Montmorency-Luxembourg, prince de Tingry, son fils, érigea la terre et seigneurie de Beaufort dont le nom a été depuis changé en celui de Montmorency, en duché héréditaire, en faveur dudit Charles-François-Frédéric de Montmorency-Luxembourg et de ses enfants et descendants mâles et femelles.

« Vû l'acte de partage par lequel *l'entière propriété dudit duché de Montmorency est restée à ladite demoiselle de Montmorency-Luxembourg aînée*.

« Nous avons de notre grâce spéciale, pleine puissance et autorité royale, confirmé, approuvé et ratifié, confirmons, *approuvons et ratifions* par ces présentes signées de notre main, *ledit contrat de mariage* dudit sieur marquis de Fosseux et de ladite demoiselle Anne-Françoise de Montmorency-Luxembourg, et en outre, de nos mêmes grâce et autorité que dessus, avons confirmé et continué, confirmons et *continuons en la personne dudit sieur marquis de Fosseux ledit duché héréditaire de Montmorency* pour par lui et ses enfants mâles à naître dudit mariage, et descendants de mâles ou mâles en loyal mariage, l'ordre de primogéniture gardé entre eux, *en jouir aux mêmes honneurs, prééminences, priviléges, prérogatives, et ainsi qu'en ont joui ceux qui l'ont possédé* et qu'en jouissent les autres ducs héréditaires depuis son érection.

« Voulons et entendons que ledit sieur marquis de Fosseux *soit appelé duc de Montmorency*; que le cas arrivant du décès de ladite demoiselle de Montmorency-Luxembourg avant lui sans enfants, *il continue à jouir dudit duché sa vie durant.*

« A défaut d'hoirs et descendants mâles, lesdits titres et dignités demeureront éteints, et *les terres et seigneuries qui en dépendent retourneront au même et semblable état où elles étaient avant ladite érection en duché.*

« Sans que nous ni nos successeurs rois puissions prétendre aucun droit et faculté de réunion, propriété et *réversion dudit duché à notre couronne.*

« Et afin que ce soit chose ferme et stable à toujours, nous avons fait mettre notre scel à cesdites présentes, *sauf en autres choses notre droit et l'autrui en tout.* »

Ainsi, par les lettres-patentes de 1767, comme par toutes celles qui ont précédé, le titre ducal est indivisiblement attaché à la possession des terres et seigneuries qui constituent le duché-pairie de Beaufort-Montmorency.

C'est parce que Mlle de Montmorency-Luxembourg et M. de Montmorency, marquis de Fosseux, sont de *la même famille, c'est parce que l'entière propriété du duché est restée à ladite demoiselle,* que le mariage est approuvé, que le duché héréditaire est continué en la personne de M. le marquis de Fosseux pour en jouir, par lui et ses descendants mâles, aux mêmes honneurs et ainsi qu'en ont joui *ceux qui l'ont possédé.*

Remarquez, Messieurs, la clause par laquelle le roi, renonçant à la réversion du duché à sa couronne, il est dit qu'à défaut d'hoirs et descendants mâles du duc de Montmorency, *les titres et dignités du duché demeureront éteints, et les terres et seigneuries qui en dépendent* retourneront au même et semblable état où elles étaient avant leur érection en duché.

Si M. le duc de Montmorency fût mort sans postérité mâle avant 1789, le titre ducal eût été éteint et ne pouvait plus être transmissible, n'étant plus joint à la propriété des seigneuries. La concession du titre de duc de Montmorency, sans la transmission et la possession du duché, n'eût été et ne peut être que la concession d'une autre propriété commune à tous les membres de la famille, c'est-à-dire la concession de leur nom patronymique, concession qui est une de ces atteintes à la propriété privée qui appelle l'exercice de votre droit de juridiction.

Je crois, Messieurs, avoir jusqu'ici, par les faits incontestables, par les dispositions expresses de toutes les lettres-patentes relatives au duché de Montmorency, par les règles invariables de l'ancien droit français sur ces matières, non-seulement rectifié l'exposé inexact que nous lisons dans le décret du 14 mai de cette année, mais complétement réfuté la distinction subtile que l'on prétend établir entre le titre de duc de Montmorency et le nom de famille dans la concession qui a été obtenue par M. Adalbert de Périgord.

Mais il faut poursuivre cette discussion sous l'autorité de notre nouvelle législation.

Je n'entends pas invoquer les lois du 4 août 1789, 15 mars et 19 juin 1790 qui ont aboli les duchés et les titres de duc comme toutes les autres qualifications féodales et nobiliaires. Je ne parle pas de l'article 2 de la loi du 6 fructidor interdisant de prendre des noms qui rappelleraient le souvenir de ces institutions abolies.

Les titres de noblesse ont été rétablis en France par les décrets impériaux de 1806 et de 1808, mais ces titres ne sont plus que des qualifications honorifiques, héréditaires il est vrai, mais titres nus attachés au nom de la personne qui en est revêtue. L'institution des majorats, fondés pour soutenir la dignité des titres de ducs, comtes ou barons, n'a point été la fondation en France de fiefs constituant la dénomination du titre nobiliaire. Les terres ont été majoratisées mais nul fondateur de majorat n'a été et n'a pu être autorisé à prendre le nom des terres sur lesquelles son majorat était assis.

De grands fiefs héréditaires ont été institués, mais sur le territoire étranger, dans les lieux dont nos grands hommes de guerre s'étaient comme appropriés les noms illustrés à jamais par leurs exploits, fiefs établis dans les champs de bataille qui leur étaient en quelque sorte inféodés par la victoire. M. Merlin nous a donné la liste de ces fiefs au mot *Duc* dans le nouveau répertoire, mais à l'intérieur de la France point de fiefs, point de titres attachés à la possession d'un domaine. Plusieurs décrets en 1808, 1811, 1813 interdirent de prendre pour nom de famille des noms de villes et de communes. On vous a cité notamment la décision transmise, à ce sujet, par l'archichancelier au Conseil du sceau des titres.

Les titres de noblesse accordés en France sous l'Empire, furent ainsi des titres nus, ajoutés au nom propre du titulaire. Cet état de la législation n'a pas changé, et comme on avait créé un duc Cambacérès, on institue de nos jours le duc de Morny, ou le duc de Persigny.

L'article 71 de la Charte royale n'a point introduit un changement à ces conditions des distinctions nobiliaires, en autorisant l'ancienne noblesse à reprendre ses titres. Anciens ou nouveaux, ces titres sont héréditaires sans doute, mais non réels, et purement personnels. La noblesse en France n'est plus réelle, c'est-à-dire terrienne, elle est simplement nominale; la reprise des anciens titres fut indépendante de la possession des seigneuries auxquelles ils avaient été attachés avant 1789. Le plus grand nombre des membres de l'ancienne noblesse avaient été déposssédés de leurs terres, les titres qu'ils étaient autorisés à reprendre demeurèrent seulement unis aux noms qu'ils avaient le droit de porter. Ces titres ont été repris comme des distinctions honorifiques traditionnelles attachées à la personne et transmissibles aux héritiers directs. Parce qu'il existait en 1814, M. de Montmorency, descendant et chef de la branche aînée de cette famille, il eût le droit de réunir à son propre nom son ancien titre; et celui qui avait été, après 1789, le citoyen Montmorency redevint ce qu'il lui appartenait d'être, M. le duc de Montmorency, mais avec un simple titre, qui, à défaut de descendants mâles, s'est éteint en sa personne.

Que devons-nous donc penser, Messieurs, de la prétention qu'a M. Adalbert de Périgord de recevoir légalement aujourd'hui un titre nobiliaire, un titre ducal auquel resterait attaché un nom qui n'est pas le sien, le nom propre d'une famille qui proteste contre cette usurpation de sa propriété. Quoi ! parce qu'un des membres de cette famille a obtenu que son glorieux nom fût donné au duché dont il était possesseur, et dont il jouissait en titre de duc et pair, on nous vient dire, quand le duché n'existe plus, quand ce fief est aboli et ne peut être rétabli, on nous vient dire que le nom de famille qui fut attaché au titre de cette seigneurie, désormais supprimée, est distinct de ce même nom de famille revendiqué par les personnes auxquelles il appartient !

Moins mal fondée, en apparence du moins, était la prétention que j'ai combattue en 1859, lorsque M. Hibon méconnaissait, comme M. Adalbert, l'identité qui existe entre le nom patronymique d'une famille, et ce même nom attaché à un titre honorifique. Je possède par ma femme, disait M. Hibon, un titre à la grandesse d'Espagne, cette grandesse a été instituée par l'autorité du roi d'Espagne au titre de duc de Brancas; on ne peut peut pas me disputer le droit de me dire grand d'Espagne au titre de l'institution de cette grandesse, et j'ai par conséquent le droit de me qualifier duc de Brancas, c'est le nom de mon titre qui est distinct du nom de la famille de Brancas.

Mais la Cour de Paris a décidé par un arrêt, contre lequel on s'est vainement pourvu devant la Cour de cassation « Qu'en admettant que « le titre de grand d'Espagne fût reconnu au profit des intimés « (les sieur et dame Hibon), il n'en résulterait pas qu'ils puissent « prendre le nom et le titre de duc de Brancas; que le nom patronymique est la propriété d'une famille et ne peut, en l'état de la législation, être transporté à une autre famille sans les formalités légales... »

La Cour ajoute qu'il a dû être refusé à Hibon le droit de prendre le nom de Brancas sous prétexte que le titre de duc de Brancas serait une qualification; « *qu'en effet une qualification qui serait héréditaire « produirait en réalité le même résultat qu'une dénomination.* »

Ces derniers mots de l'arrêt réfutent suffisamment une dernière et singulière allégation qui vous était produite tout à l'heure par M. Adalbert de Périgord. La concession du titre de duc de Montmorency ne serait pas pour lui, vous a-t-on dit, la concession d'un nom de famille, parce que le titre ne sera pas porté par tous les membres de sa famille nés ou à naître, mais ne sera porté que par lui et par ses descendants mâles seulement, dans l'ordre de primogéniture ! Il faut, Messieurs, que votre jugement réponde à M. Adalbert comme l'arrêt de la Cour a répondu à M. Hibon.

Non, non ! la possession du titre de duc de Montmorency ne serait pas autre chose désormais que la prise de possession du nom de cette famille, car c'est le nom de famille qui a été donné au fief auquel la jouissance du titre était attaché ; et remarquez que sous ce titre ainsi concédé, celui pour qui une telle concession serait maintenue semblerait aujourd'hui être le chef de l'illustre maison des Montmorency. C'est ce que vous ne ferez pas, Messieurs ; enfin à un autre point de vue, la transmission du titre de duc de Montmorency serait pour M. de Périgord une addition de nom obtenue en dehors des formes prescrites par la loi, ce que vous ne devez pas tolérer.

Oui, c'est une addition de nom illégalement concédée, c'est même un changement de nom ; à la manière dont M. de Périgord use déjà du décret, il substitue à son nom de famille le nom de duc de Montmorency. Il signe ses visites de ce seul nom, il cherche à se faire admettre dans le monde sous ce seul nom, et c'est ainsi que les journaux le désignent dans la liste des invités aux voyages de la cour. Mais une addition, un changement de nom ne peuvent pas être autorisés, sans qu'aient été accomplies les formalités impérieusement prescrites par la loi du 11 germinal an XI.

Le rapporteur de cette loi recommandait pour la sécurité et pour l'honneur du droit des familles le maintien et la conservation des règles de l'ancienne législation et des principes de l'ancienne jurisprudence.

« On tenait pour principe, dit M. Miot,

« Que le Roi seul pouvait permettre le changement ou l'addition de nom ;

« Que cette permission n'était jamais accordée que *sauf les droits* des *tiers*, qu'ils pouvaient faire valoir en s'opposant à l'enregistrement dans les Cours;

« Que le changement de nom et d'armes ne pouvait avoir lieu, même après un testament qui en imposait les conditions, lorsqu'il y avait opposition de la part des mâles portant le nom et les armes. »

Tel a été l'effet de la loi de germinal, et ses dispositions ont reçu une constante application. Soit que les réclamations des parties intéressées, c'est-à-dire l'opposition des familles, aient été portées au pouvoir administratif, soit qu'elles aient été déférées à l'autorité des tribunaux, l'accomplissement des formalités prescrites par la loi a toujours été imposé.

La prescription de ces formalités a été de nouveau consacrée par le décret du 8 janvier 1859, voici en quels termes s'exprimait le garde des sceaux, M. de Royer, dans son rapport à l'Empereur sur le rétablissement du Conseil du sçeau des titres :

« Les demandes en changement ou en addition de noms restent soumises aux formes tracées par la loi du 11 germinal an XI. Les autorisations de cette nature sont accordées par Votre Majesté dans la forme des règlements d'administration publique. Le Conseil du sceau des titres pourra toutefois être consulté sur les changements ou les additions qui auraient le caractère d'une qualification honorifique ou nobiliaire et qui rentreraient ainsi dans l'ordre des faits qu'a voulu prévoir l'article 259 du Code pénal.

« Aux termes de l'article 7 de la loi du 11 germinal an XI, toute personne y ayant droit peut, dans le délai d'une année, à partir de l'insertion au *Bulletin des Lois*, poursuivre la révocation du décret qui a autorisé un changement ou une addition de nom. »

Et le décret contient cette disposition expresse :

« Art. 9. — Les demandes en addition ou changement de noms sont insérées au *Moniteur* et dans les journaux désignés pour l'insertion des annonces judiciaires de l'arrondissement où réside le pétitionnaire et de celui où il est né.

« Il ne peut être statué sur les demandes que trois mois après la date des insertions. »

M. Adalbert de Périgord ne peut pas méconnaître l'autorité de cette législation, et, par respect pour elle, on vient de vous dire timidement que le débat actuel pourrait se réduire à ce que, conformément à l'article 7 de la loi de germinal, vous ordonniez que l'exécution du décret du 14 mai sera suspendue pendant une année, à partir de son insertion au bulletin des lois.

Non, ce n'est pas à ce résultat dérisoire que doit aboutir ce solennel procès; il ne s'agit pas de nous accorder les puériles consolations d'un sursis; c'est sur le fonds du droit que vous devez actuellement prononcer, c'est le caractère patronymique du nom de Montmorency que vous devez proclamer, c'est le droit inviolable de propriété privée à l'illustre nom de Montmorency que vous devez maintenir dans la famille; et, à moins d'abdiquer le pouvoir constitutionnel qui vous est confié, vous remplirez le devoir de protéger nos clients contre l'atteinte illégalement portée à leurs droits. Si M. Adalbert de Périgord, ne se contentant pas du titre honorifique de duc qui lui est concédé, persiste à vouloir l'addition du nom de Montmorency, vous le renverrez non pas à recourir de nouveau à la faveur, mais à se pourvoir régulièrement, ainsi qu'il lui est ordonné de le faire par la loi de germinal an XI et par le décret de 1859.

C'est ainsi que l'ordonnance qui autorisait M. d'Aux, gendre de M. Lally-Tollendal, à prendre le nom de Lally, fut révoquée le 16 décembre 1831, *comme n'ayant pas été précédée des formalités prescrites par la loi du* 21 *germinal an XI.*

C'est ainsi qu'à la requête de M. le sénateur Hector Galard de Brassac, comte de Béarn, le décret qui, sous la date du 13 août 1861, avait autorisé M. Ruinart de Brimont à ajouter à son nom le nom patronymique de Brassac, a été rapporté par autre décret du 14 février 1863.

C'est ainsi que dans l'affaire de Mme la marquise de Tourzel, la Cour d'appel de Paris a jugé, le 18 février 1833, que *les tribunaux étaient compétents pour connaître du droit des particuliers à la propriété d'un nom*, et pour statuer sur une contestation qui a cette propriété pour objet.

C'est ainsi que dans le procès relatif au titre de duc de Brancas, la Cour a déclaré que le prétendant à ce nom devait d'abord se pourvoir conformément aux prescriptions de la loi de germinal.

Ainsi enfin a statué la Cour de cassation dans l'affaire de M. Terray et de la famille Morel de Vindé ; le cas est digne de votre particulière attention.

Une ordonnance royale du 1er mars 1819 avait autorisé la transmission à M. Terray des titres et *nom* de M. le vicomte de Morel-Vindé, son grand-père, en ces termes :

« Art. 1er. — Les rang, titre et qualité de pair du royaume qu'il nous a plu d'accorder au vicomte de Morel seront transmis à notre amé Charles-Louis Terray, son petit-fils...

« Art. 2. — Ledit Charles-Louis Terray joindra à son nom propre celui dudit aïeul maternel, comme aussi il joindra dans son écusson à ses propres armes celles de son aïeul... »

En vertu de cette ordonnance, et sur la demande de M. Terray, le Tribunal de la Seine ordonna, par un jugement du 26 mars 1845, l'addition sur les registres de l'état civil du titre de vicomte de Morel-Vindé au nom de Terray. Personne ne réclama ; mais d'office et dans l'intérêt de la loi, le ministre de la justice déféra ce jugement à la Cour suprême pour excès de pouvoir ; et par arrêt du 22 avril 1846, sur les conclusions conformes de M. le procureur général Dupin, la Cour statua en ces termes :

« Attendu 1° qu'aux termes de la Charte il n'appartient qu'à l'autorité royale de conférer des titres de noblesse ; 2° *que tout changement de nom ne peut être obtenu qu'en se conformant aux dispositions de la loi du* 11 *germinal an XI, qui exige l'intervention de l'autorité administrative* » (avis *préalable* du Conseil d'État) ;

« Attendu que le jugement dénoncé reconnaît à Charles-Louis Terray : 1° le droit de prendre le titre de vicomte ; 2° *celui d'ajouter à son propre nom le nom de Morel-Vindé, sans avoir au préalable rempli les formalités voulues ;*

« Annulle pour excès de pouvoir le jugement du Tribunal civil de la Seine du 28 mars 1845. »

Le Tribunal, en rendant ce jugement, s'était simplement conformé aux termes mêmes de l'ordonnance royale.

N'en doutez pas, Messieurs, le souverain peut être mal avisé, mal éclairé, s'abuser sur l'étendue de son pouvoir et dans l'exercice de ses droits ; mais l'autorité législative ou l'autorité judiciaire, dans les limites de l'action qui leur est propre, réforment ces abus, et la justice, demeurant fidèle aux prescriptions des lois, protége les droits des citoyens contre toute atteinte. Qu'on ne vienne pas nous dire que la garantie du recours à votre justice n'existe plus en France pour les citoyens lésés dans leurs droits privés, qu'à cet égard la condition des particuliers est pire aujourd'hui que sous tous les régimes antérieurs. Si, malgré l'opposition des parties intéressées, vous obéissiez aux termes du décret qui méconnaît leur propriété au nom de Montmorency, si vous en ordonniez l'exécution, votre jugement serait déféré à la Cour de cassation, et sur les mêmes conclusions du même procureur général votre décision serait cassée, si d'abord elle n'avait pas été réformée par la Cour d'appel.

Des règles ainsi clairement établies et respectées dans tous les temps, des maximes reconnues par une jurisprudence aussi constante ne peuvent pas être délaissées par vous ; il ne saurait y avoir devant vous une injuste acception des personnes et des circonstances.

Il me reste à justifier en peu de mots le second chef de notre demande, relatif aux armoiries de la maison de Montmorency. M. Adalbert de Périgord s'est persuadé que le décret qui lui concède le titre de duc de Montmorency lui attribue par là même le droit de porter les armes des Montmorency.

Nous vous présentons la copie exacte des nouvelles armoiries qu'il a fait dessiner à son usage : sous le manteau et la couronne ducale, sont les armes pleines des Montmorency, *brisées* au cœur avec l'écusson des Talleyrand.

Ici le décret ne donne aucun prétexte à cette autre prétention de M. Adalbert. Le décret ne dit pas mot du droit de prendre le nom et les armes de la famille. Ce droit ne lui est pas plus concédé par le décret qu'il n'a pu lui être transmis par Mme la duchesse de Valençay, sa mère. Merlin et tous les auteurs nous enseignent que les femmes ne transmettent à leurs enfants ni le nom, ni les armes de la famille dont elles sont issues.

Les armoiries ne sont pas une propriété moins inviolable et moins précieuse que le nom patronymique ; comme le nom et autant que le nom les armoiries sont le signe distinctif des familles nobles, c'est leur nom peint, gravé, sculpté aux yeux de tous, par des signes et emblêmes d'honneur. Je lis dans un article de M. Boucher d'Argis, dans l'ancien répertoire de jurisprudence : « Aux termes de l'édit de 1696, « les armoiries des personnes, maisons et familles leur sont patrimo« niales. Observez que les lettres par lesquelles le Roi autorise un sujet « à prendre le nom et les armoiries d'une famille *demeureraient sans « effet s'il y avait encore des mâles de cette famille*, et *qu'ils s'opposas« sent à l'enregistrement de ces lettres*. La raison en est que, quand le « souverain accorde une grâce, il ne veut pas qu'elle porte préjudice « aux droits des tiers. »

Comment, d'ailleurs, la concession du titre de duc de Montmorency donnerait-elle le droit de porter les armes de cette maison. Si le nom des Montmorency a été donné en 1689 au duché de Beaufort, les armoiries des Montmorency n'y ont point été attachées. Ces armoiries sont autre chose que le duché et que le titre de duc. Ces armoiries existaient dans la maison de Montmorency et étaient propres et personnelles à tous les membres de la famille plus de cinq cents ans, plus de quatre cents avant l'érection du premier duché en 1551. Et que sont-elles ces armoiries dont on se voudrait emparer, quelle est leur glorieuse origine ?

Sous le roi Lothaire, l'empereur Othon était venu avec une grosse armée attaquer le territoire. Il avait pénétré jusqu'à Soissons, quand Bouchard survint et marcha droit à lui. Il remporta une victoire dans laquelle il prit quatre aigles impériales (en style héraldique, *aiglons* ou *alérions*). Le roi lui accorda pour ce fait d'armes le droit de porter ces quatre aigles aux quatre angles de la croix blanche de sa bannière.

Plus tard, au treizième siècle, au mémorable jour de 1214, Mathieu de Montmorency, qui eut si grande part à la victoire de Bouvines contre Othon IV, empereur d'Allemagne, présente à Philippe-Auguste un trophée de douze bannières aux aigles impériales.

Quelle scène magnifique! le roi qui avait poussé au plus fort de la bataille et s'était jeté vaillamment dans la mêlée, blessé lui-même, voit après la victoire Mathieu de Montmorency venir à lui couvert de blessures, Philippe-Auguste trempant son doigt dans le sang qui s'en échappait avec abondance, fait sur l'écusson du Connétable une croix rouge dont les quatre bras seront désormais *cantonnés* avec les douze aigles impériales que Montmorency vient d'enlever à l'ennemi. Voilà la superbe origine des seize alérions conquis aux batailles de Soissons et de Bouvines dont M. Adalbert se veut parer.

Ce sont là des parures héroïques, insignes, nationales, dont nul n'a le droit de disposer, pas plus qu'il n'est permis en France d'aliéner les diamants de la Couronne; marques d'honneur chères et sacrées pour la famille à qui elles appartiennent et dont un étranger ne peut pas être affublé héréditairement, comme en un jour de fête ou de folie on revêt les costumes et les armures des anciens preux pour s'en faire un brillant ornement dans les mascarades de la cour ou de la ville.

Non, Messieurs, vous ne pouvez pas refuser aux Montmorency d'interdire à M. de Talleyrand de s'approprier et de *briser* leurs armoiries que le décret du 14 mai ne lui attribue point et qui ne lui ont été transmises à aucun titre.

Un mot encore sur les considérations par lesquelles notre adversaire espère excuser ses inadmissibles prétentions. Il est obligé de reconnaître qu'elles ne reposent sur aucun droit; que, fils cadet de la sœur cadette du dernier duc de Montmorency, il a sollicité et obtenu une faveur qui était refusée au fils aîné de la fille aînée du duc Raoul.

Il ne m'appartient pas de lui demander sur quel fonds de services il appuie la concession qui lui a été faite; mais faut-il lui tenir compte des prétextes qu'il invoque dans ses conclusions signifiées au procès? Il nous dit que « son titre émane d'une prérogative dont l'application est d'autant moins critiquable qu'elle s'est exercée en faveur d'un des membres qui descendent *plus directement* de la famille dont les demandeurs prétendent représenter seuls le glorieux héritage. » Il nous a même dit, à la dernière audience, qu'il y a en lui plus de gouttes du sang des Montmorency qu'il n'en coule dans les veines de ses adversaires.

Il oublie que M. le prince et M. le comte de Montmorency-Luxembourg descendent en ligne directe et de mâle en mâle, au quatrième degré seulement, de François-Henry de Montmorency-Luxembourg, en l'honneur de qui furent octroyées, à son jeune fils, les lettres-patentes qui, en 1688, érigèrent le duché-pairie de Beaufort, appelé depuis duché de Montmorency, et qu'il n'est, lui, issu qu'au septième degré, et même par les femmes, de l'illustre maréchal.

M. de Talleyrand-Périgord oublie que Mme de Montmorency, comtesse de La Châtre, et Mme de Montmorency, marquise de Biencourt, sont, au même degré que Mme la duchesse de Valençay sa mère, les petites-filles du marquis de Fosseux, mariée en 1767 à Charlotte-Anne de Montmorency-Luxembourg, duchesse de Beaufort.

Rien donc n'est vrai dans cette allégation de représenter plus directement la famille de Montmorency. C'est une erreur ajoutée à celles qui sont écrites dans le décret du 14 mai.

Nul droit ne protége l'envahissement de l'un des plus grands et des plus glorieux noms de notre histoire nationale. La tentative aujourd'hui faite n'alarme pas seulement les fils de toutes les familles de notre vieille noblesse française; elle est un légitime sujet d'inquiétude pour les survivants et les héritiers des grands noms anoblis par l'éclat immortel des victoires remportées en notre âge : Bellune, Montebello, d'Istrie, d'Albuféra, Reggio, d'Eckmül, Tarente et tant d'autres, et Malakoff et Magenta...

Je me sens pour eux l'indignation d'une fierté jalouse et en cet instant se remuent dans ma mémoire les beaux vers d'Auguste à Cinna :

« Oses-tu bien penser que les Serviliens,
« Les Cosses, les Métels, les Pauls, les Fabiens,
« Et tant d'autres enfin, de qui les grands courages
« Des héros de leur sang sont les vives images,
« Quittent le noble orgueil d'un sang si glorieux
« Jusqu'à pouvoir souffrir.....

Souffrir..... l'usurpation de leur bien le plus cher! Non, vous ne consacrerez pas une telle usurpation, Messieurs, en faveur de M. Adalbert, qui, fils de la grande maison des Talleyrand-Périgord, a pensé témérairement que ce n'était pas déjà pour lui une assez difficile tâche et un assez lourd fardeau que d'avoir à continuer les illustrations de la famille à laquelle il appartient et de soutenir l'honneur du seul nom qu'il ait le droit de porter.

Me Nicolet : Quelques mots de réplique seulement.....

Me Berryer : Monsieur le président, l'heure est bien avancée.

M. le Président : Me Nicolet, en avez-vous pour longtemps?

Me Nicolet : Une demi-heure, trois quarts d'heure au plus.

Me Berryer : Une demi-heure!

M. le Président : Me Berryer, est-ce que vous êtes obligé de quitter l'audience?

Me Berryer : Ce n'est pas cela; mais les forces humaines ont une limite, et comme nous avons déjà entendu l'adversaire pendant plus de deux heures, et que j'aurai aussi probablement quelques mots à ajouter, je pensais qu'il était préférable de remettre à plus tard la suite des débats.

M. le Président : Si vous ne pouvez rester à l'audience, on pourrait prendre des notes en votre absence.

Me Berryer : Je vous remercie, Monsieur le président, je resterai.

Me Nicolet : Il est d'usage, si les usages ont encore quelque force.....

Me Berryer : Ils n'en ont plus chez vous.

Me Nicolet : .... que le défendeur ait la parole le dernier.

M. le Président : Si votre réplique ne doit pas durer plus d'une demi-heure, vous pouvez parler.

Me Nicolet : Si le Tribunal juge qu'une réplique soit inutile, je m'en remets à son appréciation ; je ne veux m'imposer à personne.

M. le Président : Le Tribunal n'a rien à décider à cet égard ; c'est à vous de voir si vous voulez répliquer. S'il ne vous faut qu'une demi-heure, le Tribunal est prêt à vous entendre.

Me Nicolet : Dans de telles conditions, j'aime mieux ne pas parler. Le Tribunal comprend que je ne puis préciser absolument le temps dont j'ai besoin.

M. le Président : Quand je dis une demi-heure, s'il vous faut trois quarts d'heure, le Tribunal ne fait aucune opposition.

Me Nicolet : Je suis à la disposition du Tribunal.

M. le Président : Parlez ! parlez, Me Nicolet.

Me Nicolet :

Messieurs,

Je n'ai pas retrouvé dans la plaidoirie que vous venez d'entendre les amertumes voilées que j'avais rencontrées dans la première, et cette fois la pensée s'est découverte avec un caractère et sous une forme qui m'ont péniblement ému.

On a dit que M. de Talleyrand avait fait entendre à cette barre un langage inconvenant, et quand on lui a jeté ce reproche, on a dû se rendre compte que ce n'était pas lui qu'on allait frapper.

M. de Talleyrand-Périgord n'a pas parlé à cette barre : — son défenseur seul a parlé, et c'est la première fois qu'on lui adresse une telle parole !

J'en appelle non pas seulement à vous, Messieurs, mais à tous ceux qui m'ont entendu, tous, indifférents ou même prévenus, et je leur demande ce qui m'a valu une si cruelle admonestation ! quelle parole blessante j'ai laissé échapper ? à quelle inconvenance de pensée ou de langage je me suis laissé entraîner ? Je leur demande qu'ils se rappellent les plaidoiries adverses, la dernière phrase de l'une, les premières de l'autre, et de juger de quel côté a été la modération et la courtoisie !

Non, je crois pouvoir me rendre ce témoignage ; non ! je n'ai blessé personne, et, s'il en était autrement, si quelque expression trop ardente avait trahi les résolutions de ma pensée, j'emporterais de cette enceinte un cruel regret ! — Ah ! vous avez, vous aussi, vos titres, Me Berryer ! ceux que vous a faits une longue carrière pleine de triomphes et d'éclat : la Providence ne me fera pas de si hautes faveurs ; mais si jamais elles m'étaient réservées, ce n'est pas de tels priviléges que je leur demanderais !

Et maintenant, à côté de ces emportements regrettables, je cherche l'argument sérieux auquel il me faille répondre :

Sur la question de la compétence, on a dit que j'avais fait une tentative malheureuse, équivoque, à peine balbutiée. J'en demande pardon à nos honorables adversaires, la vérité ne me trouve pas si timide ! — J'ai formellement posé la question d'incompétence et j'ai affirmé que la séparation des pouvoirs et la loi de l'an XI ne permettaient pas au Tribunal de juger le débat qui lui était soumis. Certes, on l'a dit avec raison, toutes les fois qu'une question de propriété se pose devant les tribunaux, c'est leur droit et leur devoir de s'en saisir. Cela est vrai, et on a rappelé des espèces auxquelles s'est appliqué sans conteste ce principe tutélaire. Oui, quand il s'agit d'une question de propriété, personne n'oserait, non-seulement sous nos

Constitutions modernes, mais même n'eût osé, sous l'ancienne monarchie, désarmer les tribunaux et soumettre au jugement arbitraire du monarque le droit des citoyens. Oui, encore une fois, cela est heureusement vrai. Mais ici, est-ce qu'il s'agit d'une propriété ordinaire? — Non! il s'agit d'un attribut tout spécial.

Vous dites que la propriété du nom est la plus sacrée des propriétés, et que, par là même, elle a, plus que toute autre, droit à la protection de la justice. Je nie qu'il s'agisse d'un nom. — Mais le voulez-vous? — Je réponds encore que c'est précisément parce qu'il s'agit de la propriété d'un nom que le Tribunal est incompétent, et je le soutiens avec la loi de l'an XI : j'ai cité comme exemple frappant la famille d'Aubigny : quand elle s'est plainte qu'on lui prît son nom, ce n'est pas devant le Tribunal qu'elle est venue, c'est devant le Conseil d'État qu'elle est allée. Elle s'est pourvue devant le Conseil d'État contre le décret : c'est le Conseil d'État qui a rejeté sa plainte, et personne n'a songé à voir là un abus de juridiction. Mille exemples confirment celui-là et attestent le principe de compétence : — et pourquoi cette compétence spéciale? — Parce que la propriété du nom est une propriété spéciale! Quand on vous prend votre champ ou qu'on vous dispute ces 700,000 fr. dont vous avez rappelé le souvenir judiciaire, le droit reconnu au profit d'un autre périt pour vous-même; mais quand le Souverain confère à un autre le droit de porter votre nom, vous n'en conservez pas moins le droit de le porter : vous voyez donc la différence profonde qui sépare ces deux natures de droit; elle explique la distinction des compétences. — D'ailleurs, comment discuter encore? Là où la loi parle, nous devons nous taire, — et elle a parlé!

Dites qu'elle est mauvaise; protestez contre elle! Dites que la propriété la plus chère des citoyens est livrée au caprice d'un pouvoir arbitraire... Je pourrai écouter vos doléances partout..... partout excepté dans cette enceinte!

Voilà pour la compétence. Ai-je parlé clairement? Ai-je balbutié encore? Le Tribunal est incompétent, vous dis-je, et ce m'est un vif regret, car il ne pourra pas, en nous jugeant, arracher à toutes ces controverses les équivoques qui sont leur appui!

Voyons cependant le fonds du procès : est-ce d'un titre qu'il s'agit? — Est-ce d'un nom?

Nos adversaires soutiennent que c'est d'un nom, et à ce sujet ils nous prêtent d'étranges velléités que nous n'avons jamais eues : si ignorants que nous soyons, nous savons très-bien que Bouchard n'était pas un nom patronymique, et que Montmorency est, au contraire, devenu le nom de la famille. J'ai expliqué moi-même comment ce nom s'est formé au dixième siècle, par emprunt au titre, et je n'ai pas contesté un seul instant que nos honorables adversaires en sont très-légalement investis. Mais quelle conséquence en tirent-ils? — Que l'Empereur ne peut en disposer? -- Je pourrais certes le contester, et nous savons de reste que, même comme nom, l'Empereur aurait pu conférer à M. de Talleyrand-Périgord le droit de le porter; mais j'ajouteque M. de Talleyrand-Périgord ne l'a ni obtenu ni demandé! J'affirme qu'il n'y a dans le débat qu'un titre, et je l'affirme avec le décret et avec l'histoire.

Je l'affirme avec le décret : ce pauvre décret! il contient, paraît-il, autant d'erreurs que de mots, et il atteste chez ceux qui l'ont préparé la plus grossière ignorance! — Vraiment? — Voyons donc!

En 1551, le Roi, dit on, n'a pas créé de titre; il a érigé un duché, mais il n'a pas fait de duc. — Vous n'avez pas lu les lettres-patentes, car vous auriez vu qu'elles contiennent deux dispositions : d'abord l'érection d'une seigneurie en duché, puis la création du titre. Après avoir déclaré que la baronnie de Montmorency est érigée en duché, elles ajoutent que le baron de Montmorency en jouira perpétuellement lui et ses enfants *en titre de duc et pair de France*. Déjà à cette époque ces deux choses se distinguent : Il ne suffit donc pas d'ériger une terre en duché pour en faire sortir un duc.....

Me Berryer : Nous n'avons pas dit ces bêtises-là.

M. le Président : Maître Berryer, n'interrompez pas.

Me Nicolet : Allons, je n'ai pas entendu!... Messieurs, il me semble que je suis là au cœur de l'argumentation : — ou bien je ne l'ai pas comprise, et alors je n'ai plus qu'à me taire, ou elle se résume ainsi : sous l'ancien régime on était duc parce qu'on possédait un duché.

Eh bien ! je réponds que dès 1551 cette distinction dont j'ai parlé dans ma première plaidoirie, la distinction de la seigneurie et du titre, existait déjà : il ne suffisait pas d'être propriétaire d'un duché pour être duc, car le Roi ajoutait qu'on jouirait du duché à titre de duc et pair.

Mais combien cette distinction naissante se développe plus tard ! Voyez, en effet, ce qui se passe en 1633 !

En 1633, a-t-on dit, le titre n'a pas été relevé ? Comment ! — Mais qu'a donc fait le roi Louis XIII ? — Duché et titre avaient été confisqués et avaient fait retour à la Couronne. C'est alors qu'interviennent de nouvelles lettres-patentes, avec le double objet que je signalais tout à l'heure : d'une part, elles relèvent le duché, non pas dans sa constitution originaire, car elles en détachent de notables dépendances ; d'autre part, en investissant le prince de Condé, elles lui donnent le droit d'en jouir en titre de duc et pair.

Est-ce que vous ne voyez pas éclater dans ces lettres-patentes la double vérité que je poursuis : d'une part, l'individualité respective du domaine et du titre ; d'autre part (ce qui est bien plus intéressant à retenir dans la cause), l'indépendance et l'autonomie respective du titre et du nom ? — A ce moment-là, il y a des Montmorency, ce qui n'empêche pas le Roi de créer un duc de Montmorency.

Mais on insiste encore ! — Le prince de Condé n'est duc de Montmorency, répète-t-on, que parce qu'il a le duché de Montmorency. — C'est là votre dernière défense : soit ! je m'y attache !

Vous croyez qu'il suffit d'être propriétaire d'un duché pour être duc ? — Eh bien, non ! dès le XVIIe siècle, cela ne suffit plus ! A cette époque chacun peut devenir propriétaire d'un duché, en l'achetant ; mais nul n'est, par cela même, propriétaire du titre ; on est maître du duché, on n'est pas duc. Pour le devenir, il faut l'intervention de la prérogative royale ; il faut que le Roi confirme en votre personne le droit de conserver le titre. Vous voyez donc que ce n'est pas la terre qui fait le titre, le duché qui fait le duc ! Qui fait le duc ? — Le Roi !...

(*Interruption au banc de la partie adverse*).

Me Nicolet. — Puisque je demande en vain un peu de justice, faudra-t-il que je demande un peu de pitié ?

Me Berryer. — Je ne dis rien.

M. le Président. — Les convenances professionnelles exigent d'écouter l'adversaire, comme il vous a écouté.

Me Berryer. — Je ne sais où l'on veut en venir avec cette allégation.

Me Nicolet. — Je dis que votre théorie est renversée sans retour par ce seul exemple, et j'ajoute qu'il suffit en même temps pour attester avec une force irrésistible l'indépendance entre le titre et le nom, puisque le Roi dispose du titre de duc de Montmorency en faveur d'un prince qui n'est pas Montmorency.

En 1688, le même fait se produit encore, et les lettres-patentes de cette époque contiennent les deux éléments : le Roi autorise le maréchal de Luxembourg à appeler le duché de Beaufort, duché de Montmorency, et à en jouir, lui et sa descendance, en titre de duc de Montmorency. — Et à l'autre point de vue, est-ce que le maréchal de Luxembourg n'est pas une preuve nouvelle et plus saisissante encore de l'indépendance du nom et du titre ? Voyez donc ! Il est duc, il est Montmorency ; — mais il n'est pas duc de Montmorency ! Il y a un duc de Montmorency : c'est le prince de Condé, qui n'est pas Montmorency, et c'est à lui qu'il doit d'abord s'adresser ; son adhésion est nécessaire avant d'invoquer la prérogative, car le Roi est bien tout-puissant, mais, comme Me Berryer l'a si souvent et si justement répété, jusqu'à la limite où sa volonté rencontre le droit des tiers. Il faut donc compter avec le titulaire avant de compter avec le Souverain : mais il n'en faut pas moins compter avec le Souverain.

Dégagés ainsi de toute équivoque, ces faits rendent saisissante la vérité de l'histoire.

On a parlé de l'édit de 1711. Qu'est-il? Un pas de plus fait par la prérogative royale. Il restreint, dans des conditions plus étroites, la condition des duchés femelles, pour étendre d'autant les droits de la Couronne. — La faculté de transmission féminine, à défaut de mâles, n'existera que pour une seule transmission, et sera épuisée du même coup. — Après quoi la prérogative reprendra son empire exclusif et pourra disposer du titre qui lui aura fait irrévocablement retour.

Le Droit Public ancien est donc désormais rendu à sa vérité, et l'on voit ce qu'il faut penser de la confusion qui sert de base à l'argumentation adverse. — Et maintenant, pour la suivre un instant encore, quand elle parle du titre attaché à la terre, je demande de quelle terre elle veut parler? A quelle terre, par exemple, rattache-t-elle le titre de duc de Montmorency? Est-ce à la terre de Montmorency? — Mais à partir de 1688, c'est sur la terre de Beaufort qu'il viendrait reposer! Et nous savons que ce n'est pas là un accident exceptionnel, puisque dans la même famille le titre de Fosseux a subi les mêmes pérégrinations. Dira-t-on que si le titre ne repose pas nécessairement sur un domaine immuable, il doit tout au moins reposer sur un domaine quelconque? — Mais non! car l'histoire vient encore démentir cette exigeance, en montrant des ducs sans duché, et cela de la main de Louis XIV lui-même!

Le titre n'était donc pas inhérent à la propriété; il était érigé à côté de la propriété; mais propriété distincte lui-même, — et distinctement du domaine, — soumis au droit de retour envers le Roi.

Voilà ce qu'enseigne surtout la catastrophe de 1632. En 1632, double retour au Roi par la confiscation; retour du duché et retour du titre. — Et quand la royauté voudra relever ces ruines, elle relèvera d'une main le duché et le titre de l'autre, pour rendre le duché à la sœur d'Henry II, et replacer le titre de duc de Montmorency sur la tête du prince de Condé, étranger à la famille.

Tel est le droit ancien. — Et maintenant qu'a-t-on répondu sur le droit moderne?

On nous a dit que depuis 1789 il n'y a plus trace des titres féodaux ; que le vent révolutionnaire les a emportés avec les débris du système féodal ; — que l'on n'est plus titré que de son nom, et que le duc de Montmorency n'a pu en 1814 se qualifier tel que parce qu'il était Montmorency. — Comment! on plaide cela au nom de M. de Cossé, duc de Brissac! Et où est donc, je vous prie, le duché de Brissac?— Où est donc le comté de Coubert, dont M. Samuel Bernard a fait relever le titre au profit de son gendre, en face de l'ancienne famille des comtes de Coubert? —Vous n'admettez pas que le titre puisse être distinct du nom ! A quelle école renverrez-vous Merlin, qui distingue les noms de baptême, les noms patronymiques et les noms de seigneurie? Que faites-vous du rapport sur la loi de 1858, qui proclame que si les anciennes seigneuries ont disparu avec leurs priviléges, les titres en sont restés comme une distinction honorifique et comme une image de notre histoire?—Soit! dites-vous enfin, le Souverain pourra donner le titre à qui ne porte pas le nom, mais pour cela il faudra le consentement de la famille. — C'est ici que je vous prends, et que je vous montre le dernier degré de votre faiblesse!

En fait, d'abord, le consentement de la famille n'a jamais été tenu pour nécessaire. La famille de Coubert a protesté énergiquement contre ce qu'elle considérait comme une usurpation, et sa protestation n'a pas été écoutée! — Mais, au surplus, quand je vous ferais, contre toute vérité, la concession que vous réclamez, en quoi votre thèse y gagnerait-elle? Le consentement de la famille! Mais, songez-y donc, nous sommes ici en matière de Droit Public. Est-ce qu'un consentement peut créer un droit régalien? — De deux choses l'une : ou la prérogative existe encore aux mains du Souverain, et alors votre opposition est impuissante à l'en dépouiller; ou il en est dépouillé, et alors votre consentement est impuissant à le lui rendre!

Ainsi donc, devant le Droit Public nouveau comme devant le Droit

Public ancien, la question est jugée par les principes et par les exemples.

Encore un mot sur les armes, et je n'aurai pas excédé les limites restreintes qui m'ont été imparties.

Le décret est muet sur les armes, répète-t-on : —et moi, je répète à mon tour : — Oui, il est muet parce qu'il n'était pas nécessaire qu'il parlât. Il est muet, mais son silence parle ! En m'investissant du titre de duc de Montmorency, il m'a apparemment investi du droit d'en prendre les armes qui en sont les attributs.

Ce n'est pas tout. Je répète encore que de sa naissance même M. de Talleyrand-Périgord. — (je lui rends son nom seul pour un instant)— M. de Talleyrand-Périgord tenait le droit d'écarteler les armes paternelles des armes de sa mère.

Vous contestez cela ? — Écoutez donc ce que dit Borel d'Hauterive qui est une autorité, je pense ; il pose la règle ; il donne les exemples, les formules, car la science héraldique a ses formules et ses règles :

> « ..... Outre les répartitions que nous avons expliquées plus haut, et
> « qui partagent l'écu en un certain nombre de parties égales, il y a encore
> « d'autres manières moins régulières de le diviser. On peut, par exemple,
> « dans l'écu *coupé d'argent et de gueules*, partager en deux, par une ligne
> « perpendiculaire, la moitié inférieure, et l'on obtient le *coupé mi-parti*.
> « On peut aussi prendre les lignes du *parti* et celles du *coupé* en nombre
> » inégal, ce qui donne, par exemple, les écus *part d'un*, *coupé de deux ;*
> « *part de deux*, *coupé de trois*, etc. Ces divers moyens de subdiviser un
> « écu s'emploient le plus souvent *pour faire entrer dans les armes d'une*
> « *famille celles de ses alliances.* »

Et à côté de la règle, il place le spécimen de l'application. — Le voilà représenté sur un écu, divisé en seize parties destinées à recevoir les armes de seize familles qui ont autrefois mêlé leur sang dans les alliances.

Au surplus, je l'avoue, je n'ai pas autrement approfondi le droit en cette matière, car c'est affaire au Conseil du sceau. Je me borne à constater l'usage, parce qu'en pareille matière, d'ailleurs, l'usage c'est la loi ! A cette éloquente protestation qui a pu émouvoir tout le monde, mais qui n'a convaincu personne, j'aurais préféré une simple réponse à la question que je m'étais permis de poser à l'un de vos clients, au duc de Luynes : si l'on n'a droit qu'aux armes paternelles, comment écartelle-t-il les siennes des armes de Rohan ? — Pareil exemple me dispensait assurément de tout autre, et méritait une explication. — Si elle n'a pas été donnée......... tout le monde a déjà conclu !

Je m'arrête, Messieurs, car l'heure m'avertit, et d'ailleurs j'ai trop vu le danger des réflexions qui montent au cœur pour ne pas m'en tenir aux forces de la raison.

M. le Président : A huitaine pour les conclusions de M. l'Avocat impérial; l'audience est levée.

Sur les conclusions conformes de M. l'Avocat impérial Aubepin, le Tribunal a rendu, le 3 février 1865, le jugement ainsi conçu :

JUGEMENT

« Le Tribunal,

« Après en avoir délibéré conformément à la loi,

« Attendu que les demandes en intervention ne sont pas contestées en la

« forme ; que d'une autre part, elles sont en état, et qu'ainsi il convient de « les joindre à la demande principale et de statuer par un seul jugement ;

« Au fond :

« Attendu que les demandeurs concluent à ce qu'il soit fait défense au comte « de Talleyrand-Périgord de prendre le nom et de porter les armes du feu duc « de Montmorency ;

« En ce qui touche le nom :

« Attendu qu'il résulte d'une façon certaine du dispositif et particulièrement « du préambule du décret du 14 mai 1864, que l'intention du souverain a été, « non pas d'autoriser le comte de Talleyrand-Périgord à prendre le nom pa- « tronymique de Montmorency, mais de lui concéder, afin de perpétuer de « glorieux souvenirs, le titre de duc de Montmorency qui venait de s'éteindre « en la personne de son oncle maternel décédé sans postérité le 18 août « 1862 ;

« Attendu que les demandeurs soutiennent que le décret conçu en ces ter- « mes n'a pu, en conférant un titre de noblesse, affecté à ce titre, le nom pa- « tronymique porté par leur famille, et qui n'appartient pas au comte de Tal- « leyrand-Périgord ;

« Attendu que le Tribunal n'a pas juridiction pour connaître de cette diffi- « culté, et que son incompétence est rigoureuse, absolue et d'ordre public ;

« Qu'en effet, si les Tribunaux de droit commun ont le droit d'apprécier la « légalité d'un décret, lorsqu'il statue sur une matière spécialement confiée à « leur vigilance et à leur protection, il n'en est pas ainsi quand il s'agit d'un « décret dont l'objet ressortit exclusivement des attributions constitutionnelles « du chef de l'État ;

« Attendu que le décret qui octroye au comte de Talleyrand-Périgord le titre « de duc de Montmorency est un acte de la puissance souveraine, contresigné « par l'un des ministres, et qui rentre dans les prérogatives essentielles de la « Couronne ;

« Attendu que le décret n'est, par conséquent, pas susceptible d'une discussion juridique devant les Tribunaux civils, et que ceux-ci ne pourraient en apprécier le mérite sans enfreindre les principes du droit public sur lesquels repose la séparation des divers pouvoirs de notre ordre social ;

« Attendu, au surplus, que lors même que le décret du 14 mai 1864 contiendrait, ainsi que le prétendent les demandeurs, séparément de la collation du titre de duc, l'autorisation au comte de Talleyrand-Périgord d'ajouter à son nom celui de Montmorency, le Tribunal serait encore incompétent, puisqu'il est de principe qu'un semblable décret n'est jamais rendu que sous la réserve des droits des tiers ;

« Attendu que le Tribunal ne pourrait avoir juridiction que dans le cas, où il serait saisi d'une demande tendant à empêcher un tiers de prendre un nom appartenant à une famille, alors que ce tiers ne produirait à l'appui de sa prise de possession aucun acte émané de la puissance souveraine ; mais qu'il ne peut en être ainsi lorsqu'un acte de cette nature est produit ;

« Qu'en effet, les noms constituent une propriété d'une espèce particulière, laquelle est spécialement réglementée par la loi de germinal, an XI, et qu'aux termes de l'art. 7 de cette loi, c'est devant le Conseil d'État, dans l'année qui suit l'insertion au *Bulletin des Lois*, que toute personne ayant droit au nom concédé est autorisée à se pourvoir pour obtenir la révocation du décret ;

« Attendu que s'il est opposé que le comte de Talleyrand-Périgord n'aurait pas rempli les formalités de publicité qui doit suivre une demande tendant à l'addition ou au changement d'un nom, cette objection est sans fondement, par rapport à la compétence, le Tribunal ne pouvant pas plus apprécier la forme que le fond du décret, lorsqu'il est saisi par une personne à laquelle il ferait grief ;

« En ce qui touche les armes :

« Attendu que le comte de Talleyrand-Périgord soutient que le décret du 14 mai, lui ayant concédé, comme le neveu du dernier duc de Montmorency, le titre de Duc de Montmorency, éteint par le décès du titulaire sans postérité,

« lui aurait nécessairement, quoique d'une façon implicite, concédé aussi les « armoiries attachées à ce titre ;

« Attendu que cette difficulté rend nécessaire l'interprétation du décret, et « que le Tribunal incompétent pour en apprécier la légalité, est également in- « compétent pour l'interpréter ;

« Attendu qu'en effet, il s'agirait ici d'une contestation élevée au sujet de « l'exécution du décret, et que le Tribunal n'a pas juridiction pour fixer la « portée et les effets, et pour régler l'exécution d'un acte fait par le chef de « l'État dans la sphère des attributions spéciales à la souveraineté.

« Par ces motifs,

« Se déclare incompétent, renvoie les parties à se pourvoir ainsi qu'elles « aviseront, et condamne les demandeurs aux dépens. »

TABLE DES MATIÈRES

A. GUYOT ET SCRIBE, Imprimeurs de l'Ordre des Avocats au Conseil d'État et à la Cour de Cassation, rue Neuve-des-Mathurins, n° 18

www.ingramcontent.com/pod-product-compliance
Ingram Content Group UK Ltd.
Pitfield, Milton Keynes, MK11 3LW, UK
UKHW020337230726
13925UKWH00002B/835

9 782014 084252